LE SECOND VOLVME

des plus excellents Basti-
ments de France.

Auquel sont designez les plans de quinze Bastiments, & de leur contenu :
ensemble les eleuations & singularitez d'vn chascun

PAR IACQVES ANDROVET, DV
CERCEAV ARCHITECTE.

A PARIS,

Pour ledit Iacques Androuet, du Cerceau.

M. DC. VII.

TABLE DES BASTIMENS CON-
tenuz en ce second volume.

Maisons Royales.

BLOIS.
AMBOISE.
FONTAINEBLEAV.
VILLIERS COSTERETS.
CHARLEVAL.
LES THVILLERIES.
SAINCT MAVR.
CHENONCEAV.

Maisons particulieres.

CHANTILLY.
ANET.
ESCOVAN.
DAMPIERRE.
CHALLVAV.
BEAVREGARD.
BVRY.

A TRESILLVSTRE ET TRES-
VERTVEVSE PRINCESSE CATHERINE DE
MEDICIS, ROYNE, MERE DV ROY.

ADAME, Encore que i'aye esté souuent importuné par plusieurs, de continuer & acheuer le second Volume des plus excellens bastimens de France : toutesfois rien ne m'a tant con-
traint d'y mettre la main, que la promesse que ie vous en auois
faicte. Il est vray que ie ne l'ay pas si tost paracheué, comme
i'eusse bien desiré, pource qu'il est besoin se transporter sur les
lieux pour en prédre les plans & desseins auec leurs mesures, ce
qui ne se peut faire qu'auec vn long temps, mesmes en mon
endroit, d'autant que la vieillesse ne me permer faire telle dili-
gence que ieusse faict autrefois. Nonobstant, Madame, ie me delibere, Dieu aydant,
le reste de ma vie poursuiure & continuer mes labeurs à ce que ie cognoistray vous estre
aggreable, pour les vous dedier, comme ie fais ce present volume, auquel i'ay suyui le
mesme ordre, & maniere que i'auois faict au precedent. Vous priant, Madame, le prendre & receuoir d'aussi bonne volonté, qu'auez faict mes autres œuures par cy deuant.
Et en ceste asseurance,

MADAME, Ie prie Dieu vous donner en parfaite santé, heureuse & longue vie, auec
l'accomplissement de vos bons & saintz desirs.

De vostre Majesté le tres-humble & tres-obeissant
seruiteur IACQVES ANDROVET
DV CERCEAV.

A ii

Blois.

E Chasteau est assez renommé pour les frequentes demeures que y faisoyent anciennement les Rois de France, principalement le Roy Loys
douziesme, que lon nommoit *Pater Patriæ*. Ce lieu est hault assis sur la riuiere de Loire, & au bas est la ville. Sur la riuiere est vn pont, Le Chasteau
est basty la plus grande partie de pierre & brique. La court n'est pas car-
ree, comme vous est monstré par le dessein du plan. Il y a pareillement de beaux &
grands iardins, differans les vns des autres, aucuns ayans larges allees à lentour, aucunes
couuertes de charpenterie, les autres de coudres, autres appliquez à vignes. La ville n'est
pas bien à niueau. Car par aucuns endroits des ruës on y va montant & descendant,
mesmes à aulcunes places par degrez faits de paué. Dans icelle ville y a de beaux bastimens. La raison est, qu'il y a plusieurs personnes, qui par cy deuant voyant la Court estre
quasi ordinairemét à Blois, y ont voulu faire leur demeure : de sorte que maintenant ne
se trouue gueres de villes, ou il y ait tant d'Officiers de la Court, qu'en icelle, & mesmes
iusques aux plus grans. Ce lieu est accompaigné de deux forests, l'vne du costé deça la
riuiere, l'autre de l'autre part d'icelle. Sortant des iardins du lieu, l'on va à vne allee couuerte d'ormes à quatre rangs, iusques à la forest prochaine, laquelle allée contient douze
cents tant de toises, comme ie l'ay toisée. On peult aller du Chasteau à l'ombre sous les
arbres d'icelle iusques à ladicte forest. Entour icelle ville à deux & à trois lieues à l'enuiron, sont de belles places renómees, comme Bury, Beauregard, Villesanin, Chindony,
& autres, dont deux d'iceux ay-ie mis en ce second volume de bastimés de France, comme verrez en leur lieu. Vne grand partie de la terre d'enuiron sont vignobles, & de trois
sortes, dont les bons se nomment Auuernatz, les plus petis lignages, les moyens vins de
grois, & en recueillent en abondance au long d'icelle riuiere de Loire. Ils sont contraints
en la pluspart des endroicts où passe ladicte riuiere faire des leuées pour la tenir serree
depeur de ses desbordemens.

Amboise.

E Chasteau est d'Ancienneté fort renommé, comme l'vn des principaux bastimens de France, à cause de la frequente demeure que faisoyent les Roys
en ce lieu. Il est assis sur la riuiere de Loire, en vn lieu hault. Au pied d'iceluy
est la ville, & pres d'Icelle y a vne forest assez belle. La veuë de ce Chasteau
s'estend sur ladicte riuiere, tant d'amont que d'aual : mais celle d'aual, ie n'ay memoire
en auoir veu vne telle. Car des terraces qui enuironnent ce Chasteau en d'aucuns endroits, se voyent aisément la ville de Tours, & l'Abbaye de Marmonstier, encor qu'il
y ait sept lieues de distance, & encor beaucoup plus loin à perte de veuë. Ce bastiment
n'est seulement esleué du costé de la riuiere, mais aussi du costé de la ville, laquelle il
tient à son commandement. Tout le circuit du bastiment est fierement basty, & sur roc,
au pied duquel, ioignant la closture, sont deux grosses tours de dix à onze toises de
diametre en dedás, ou enuiron, esquelles tours les chariots auec cheuaux peuuent môter
du bas en haut iusques à la court du Chasteau. Il y a en ce lieu plusieurs corps de logis.
Ceux qui sont assiz sur les clostures, sont bien bastiz, comme le logis de Vertuz, & autres. Mais il y en a par dedans, qui ne sont que de cloisonnages. Depuis quelque temps
a esté faict quelques corps de bastimens neufs respondans sur le Iardin, auec d'autres
respondans sur la court du milieu. Le Iardin est vn peu estroit pour la grande longueur

A iij

qu'il a, lequel eſt fermé dans la cloſture du Chaſteau. Au milieu du lieu ſur la premiere court eſt ſitué & baſty vn Temple d'ordre moderne, pareillement vne petite Chapelle, eſleuée & aſſiſe en ſaillie outre les cloſtures du lieu du coſté de la ville.

Il y a vn ieu de paulme en l'vne des courts, pris dans terre comme en vn foſſé. Au pied du chaſteau & bout de la ville eſt vn pont de pierre ſur la riuiere, ſur lequel ſont baſties quelques maiſons particulieres.

Fontainebleau.

FONTAINEBLEAV eſt vn lieu aſſis dans la Foreſt de Biere, en vne plaine, fermé de diuers coſtez, rochers, & montaignes couuertes de boys de haulte fuſtaye. Anciennement c'eſtoit vn vieil baſtiment, où les Rois par quelques fois ſe retiroyent pour eſtre là comme en lieu ſolitaire. Le Roy François premier, qui aimoit tant à baſtir, conſiderant ce lieu ainſi fermé de ſes ruſtiques, y print fort grand plaiſir : & de faict, le fiſt baſtir comme il eſt de preſent. Les anciens recitent, qu'en ce lieu y auoit vne groſſe tour, ou de preſent & ſur les fondements d'icelle eſt la Chapelle, prochaine de la grand ſalle du bal, & ſ'eſt-on ſeruy d'aucuns vieils fondemens. La plus grãde partie du logis eſt baſtie de Grets, comme meſme ils en ont les rochers ſur le lieu, auec brique : principalement la baſſe court, laquelle en grandeur excede toutes autres courts des baſtimens Royaux. En la ſeconde court, y a ſource de fontaine, & ſe dict que c'eſt la plus belle eaue de ſource qui ſe voye gueres, & que par ce on l'appeloit belle eaue, maintenant Fontainebleau. Ce lieu eſt à demie lieue de la riuiere de Seine. La terre n'eſt que ſablonnage, tellement que les arbres de ladite foreſt ne ſont pas communément de belle grandeur, & ne peuuent gueres bien prouffiter. Le feu Roy François, qui le fiſt baſtir, s'y aimoit merueilleuſement : de ſorte que la pluſgrande partie du temps il s'y tenoit, & l'a enrichy de toutes ſortes de commoditez, auec les galleries, ſalles, chambres, eſtuues, & autres membres, le tout embelly de toutes ſortes d'hiſtoires, tant peinctes que de relief, faites par les plus excellens maiſtres que le Roy pouuoit recouurer de France & d'Italie, d'où il a faict venir auſſi pluſieurs belles pieces antiques. En ſomme, que tout ce que le Roy pouuoit recouurer d'excellent, c'eſtoit pour ſon Fontainebleau : où il ſe plaiſoit tant, que y voulant aller, il diſoit qu'il alloit chez ſoy : qui fut cauſe, que pluſieurs grands ſeigneurs y firent baſtir chacun en ſon particulier, tãt que pour le iourd'huy a beaucoup de beaux logis, & dignes deſtre remarquez. Mais depuis la mort du feu Roy François le lieu n'a pas eſté ſi habitué ne frequeté, qui ſera cauſe qu'il ira auec le téps en ruine, cõme fõt beaucoup d'autres places que i'ay veuës, à cauſe de n'y habiter. Tout ioignãt la baſſe court eſt vn Conuent de Mathurins, que le feu Roy Loys y fonda. Depuis quelque temps le principal du baſtiment a eſté par le Roy Charles neufieme clos & fermé d'vn foſſé, excepté la baſſe court à raiſon des guerres ciuiles. Ce lieu eſt prochain de quatorze lieues de Paris, de quatre lieues de Nemours, de deux lieues de Moret, à quatre lieues de Melun, à quatre lieues de Montereau & de Milly : Les prochains lieux ſeigneuriaux ſont Blandy à quatre lieues, & Valery a ſept. Ce lieu eſt accompagné d'vn fort bel eſtang, au lõng duquel eſt la chauſſee reueſtue de quatre rangs d'ormes, faiſant ſeparation de deux grands iardins comme le tout voyez deſſeigné par le plan.

Villiers Coſte-reſts.

Eſte Maiſon eſt ſituée en Picardie, ſur le chemin de Paris à Soiſſons, diſtante de dixſept lieues de Paris, & de cinq de Soiſſons, prochain & tout tenant de la foreſt de Rets. Ce lieu eſtoit d'ancienneté vn logis de marque, comme apparoiſt tant par le grand corps de logis, que par la cloſture du Parc. Le Roy François premier eſtoit merueilleuſement addonné apres les baſtimens, de ſorte que c'eſtoit le plus grand de ſes plaiſirs, comme auſſi il l'a bien monſtré au nombre des maiſons qu'il à faict faire, & de celles qu'il à reſtablies, meſmes de celle cy, dont nous traittons à preſent. Car luy voyant ce lieu prochain d'vne telle foreſt, excedant en grandeur toutes celles de France, ioint qu'il aymoit la chaſſe, feiſt reparer ledict baſtiment, & l'augméter de pluſieurs corps de logis, & tel comme il apparoiſt de preſent. En premier lieu ce logis eſt en terre plaine, ioignant le bourg, lequel n'eſt pas petit, & eſt ledict logis entre le bourg & la foreſt: de ſorte que le commencement du baſtiment commence au bout du bourg, & la fin du Parc và faillir prochain de la foreſt. Ceſte maiſon côſiſte en deux courtz. Le vieil baſtiment faict la ſeparation d'icelles, la premiere court eſtant longue & eſtroicte, eſt fermée de corps de logis, aſçauoir vn ſur le deuant, deux aux deux coſtez de la court, vn à dextre, l'autre à feneſtre. Iceux corps ſeruent au premier eſtage pour offices, le ſecond pour commoditez l'autre eſt le vieil, qui faict la ſeparation des courts, comme deſſus, ſeruant de commoditez. La ſeconde court eſtant longue & eſtroicte pareillement, & ſeruant de ieu de paulme, eſt fermée de quatre corps de logis. Le premier eſt celuy de deuant, qui eſt le vieil corps, dont cy deuant auôs parlé. Es deux coſtez, dextre & feneſtre, auec l'autre oppoſite du vieil corps, ſont comprins les commoditez des membres, comme ſalles, chambres, & autres choſes. Tous ces corps ſont enrichis & accommodez de tours & pauillons ſur le derriere, vers les iardins des deux coſtez hors le baſtiment à dextre & à feneſtre, ſont comprins iardins, parterres, & arbres à fruicts, partie faict par parquet & prez auec allees couuertes de coudriers, qui dônent vn grand enrichiſſement & beauté au lieu. Le derriere eſt le Parc fermé de muraille de pierre toute de cartier. Il y a vne allée droicte commençant des baſtimens iuſques à la fin de la cloſture. Ioignant aupres la foreſt, ſur icelle allée, & à main dextre, eſt vne chapelle de bonne inuention, au deuant de laquelle eſt vn Portique à coulonnes, auec planchier, lequel s'en va en ruyne, à faulte d'y eſtre pourueu. Et ce n'eſt pas ſeulemét en ceſt endroict que la maçonnerie ſe ruine, mais en la premiere court és baſtimens des offices: & me recorde d'vn dire qui fut tenu lors que i'y eſtois, que feu le Roy François deuiſant quelque fois des baſtimens, quand on luy diſoit, Sire, tel baſtiment eſt bien entretenu s'il ne ſe demoliſt point, il reſpondoit Ce n'eſt pas des miens, Au côtraire ſi on venoit à luy dire, vn tel baſtimét eſt en vne belle place: mais il s'en va ruinât il repliquoit incontinét, Ce ſont des miens. Ce qu'il diſoit tresbien: car la pluſgrande partie des ſiens s'en vont ruinant à faute d'y pourueoir, & y mettre ordre par vn bon moyen, comme d'auoir vn Couureur, lequel ſoit tenu d'entretenir toute la couuerture: vn Maçon pareillement, pour entretenir les reparations, auec quelques gaiges: ce qui ſe feroit pour peu de choſe, comme meſme au Chaſteau de Montargis, lequel n'eſt pas de petite entretenue, toutesfois pour bien peu de choſe par an auons regardé à le maintenir: ce qui ſe pourroit faire és autres baſtimens par ce moyen & d'vn bon regard. I'ay amené ce poinct à propos, afin que ſi les Roys & Princes s'en veullent aider, ils le pourront faire. Au demeurant, les deſſeins tant du contenu que des montées, vous monſtreront le contenu de ce lieu.

Charleual.

[handwritten marginal note:] Le chateau n'a point esté acheué par Charles IX et a esté abandonné aprés luy; les terres qui sont à quatre lieues au deça de Rouan sont vendues par ou gaigné ou ... eschanges à M.... Simon d'auvilliers ... financiers ... dans la ... [plaine] ... un de ces M.... ancien colonel de cavallerie porte le nom de Charleual il ... [reine] ou ... Dumaou

Este place est assise & situeé en Normandie sur le chemin de Paris à Rouan, prochain le bourg de fleury. Le Roy Charles IX. ayant desir faire bastir quelque lieu, fut aduerty par le Sieur de Durescu, de ceste place, qui est en vn vallon, enclos & circuy de montaignes, au dessus desquelles est la forest de Lions. Et entre lesdictes montaignes y a de belles veuës: vne entre autres, laquelle estend son regard par vn vallon iusques à la riuiere de Seine, distante de trois lieuës du lieu. Le Roy feist composer vn plan digne d'vn Monarque, dont ie vous en ay figuré le dessein, & feist besongner apres, & commencer vn corps à la bassecourt, qui contenoit en longueur neuf vingts tant de toises: & le fondement faict, esleuerent le premier estage, y establissant les offices. Là dessus le Roy mourut qui fut cause que toute l'armée demeura. Ce nonobstant durant son viuant il feit dresser le iardin, duquel ie vous en ay figuré le plan. Il fut acheué d'accoustrer auant son deces. Si ce lieu eust esté parfaict, ie croy que c'eust esté le premier des bastimens de France, pour la masse dont il eust esté fourny. Il est vray que le commencement de la maçonnerie estoit de pierre de cartier & brique. Or quand il faut faire compte d'vn œuure, on estime tousiours la maçonnerie entierement faicte de pierre de cartier, exceder tout autre, excepté si la maçonnerie n'estoit accompagnée de marbres. En ce lieu à esté prattiqué certains canaux circuisants le contenu, par le moyen d'vn passage d'eaue qui s'est prattiqué en ceste plaine. Vous voyez sur la fin du iardin vne grand place ouale. Ledict Roy Charles auoit volonté qu'elle se trouuast au milieu de son iardin, en faisant outre icelle faire vn tel & pareil iardin qu'estoit celuy du costé du bastiment: tellement que ledict iardin eut bien eu trois cens toises de long sur la largeur de neuf vingts tant de toises. Cependant qu'on trauailloit à cest œuure, fut faict vn petit bastiment pour y loger le Roy, qui y venoit souuent, ayant prins l'affaire en affection.

Les Thuilleries.

E lieu estoit, n'a pas long temps, vne place aux faulx bourgs de S. Honoré à Paris, du costé du Louure, & est costoyé de la Riuiere de Seine, où il y auoit certaines maisons dediées à faire des thuilles, & pres d'iceluy y auoit quelques beaux iardins. La Royne mere du Roy ayant trouué ce lieu bien commode pour faire quelque bastiment plaisant, fist commencer à y bastir, & ordonna premierement le dessein que vous en ay figuré: auec ce fist dresser les iardins suyuans, & ainsi que les voyez par mes portraicts. Icelle Dame ayant bien cósideré le premier dessein du plan, ne l'a de gueres depuis changé, excepté quelques augmentations qu'elle a deliberé y faire. Ce bastiment n'est de petite entreprinse, ne de petite œuure: & estant paracheué, ce sera maison vrayement Royalle. Vne partie des fondemens sont assis il y a ia assez long temps: mais il n'y a encor qu'vn corps double esleué, portant deux faces, seruant iceluy corps de membres de commoditez, & d'vne gallerie ioincts ensemble. En l'vne des faces est la gallerie du costé du iardin: en l'autre sont les commoditez du costé de la court. Le portail qui est au millieu de ce corps, est garny de coulonnes fort enrichies de certains marbres & iaspes. Tout ce qui est basty, est faict de bonne matiere de pierre de taille, auec bonne ordónance & symmetrie, or d'autant qu'il n'y a eleuation que d'vn corps, ie ne vous en declareray point d'auantage, & aussi que les eleuations & commoditez se pourront changer. Tant y a, que par le plan & eleuation vous pourrez cognoistre ce qui y est.

Sainct Maur.

E lieu eſt ſitué à deux lieues de Paris, ioignant la Riuiere de Marne, prochain lequel eſt vn bourg, auec vne Abbaye, que feu Monſieur le Cardinal
du Bellay, en eſtant Abbé, redigea en Chanoinerie, & commença à y baſtir, &
fiſt faire vn corps de logis, auec la court ſeulement. Ce lieu appartient main-
tenãt à la Royne mere du Roy, laquelle l'a fort augmenté, comme apparoiſt par les deſſeins des plans & eleuations: le baſtiment eſtant parfaict aura vne court carrée, ayãt quatre corps de logis aux quatre coſtez, & aux quatre angles par le dehors quatre grãds pauillons : le tout garny, tant les corps, que les pauillons, de membres neceſſaires pour ac-
commoder vn grand lieu. Par le dehors de l'edifice de chacun corps, & entre les pauillons, y à trois eſtages d'arcs, & à chacun eſtage y à neuf arcs ſeruant de decoration, & de
donner iour aux galleries eſtant à chacun eſtage, pour aller de pauillon à autre, & auſſi
pour entrer d'icelles allees aux membres eſtant és corps des baſtimés: pareillement pour
auoir par iceux arcs au trauers des allees clatté aux membres deſdits corps par le moyen
des croiſees y comprinſes : ce qui s'appelle communément vn ſecond iour. Sur le troiſieme ordre d'iceux arcs, qui faict le troiſieme eſtage, eſt vn riche entablement garny de
ſon ordre, ſur lequel eſt aſſis vn Frontiſpice, qui eſt bien vn ordre & maniere Antique, &
eſclatant, a nous, qui n'en auons point faict en noſtre France de ſi grand. Il y a ſeulement
vn coſté ainſi parfaict par le dehors: mais la deliberation de la Royne eſt de faire continuer ceſt ordre. I'ay veu le modelle qui en à eſté faict par ſon commandement, auquel
ſont contenus non ſeulement les baſtimens, mais auſſi tout l'ordre, tant des iardins que
des autres choſes, qu'elle entend & veut eſtre ſuiuy. Ce que i'ay deſſeigné comme ie le
vous preſente. Pour le regard du dedans ie vous en ay faict vn deſſein d'eleuation, ſuiuant & ainſi que le feu Cardinal l'auoit faict eſleuer. Du depuis la Royne à eſleué ſur
iceluy corps vn eſtage, & veut que cela ſe continue es autres: ce que i'ay l'aiſſé à deſſei-
gner, attendant la perfection,

Chenonceau.

E baſtiment eſt ſitué au païs de Touraine, ſur vn pont, qui eſt ſur la riuiere de
Cherff meſmes ſur l'vn des bouts d'iceluy: & n'eſt qu'vne maſſe, ſans court,
couuert touteſfois de diuerſes ſeparations de pauillons. La Royne mere du
Roy trouuant la ſituatiõ du lieu fort à ſon gré, l'acheta, & l'a depuis amplifié
de certains baſtimens, auec deliberation de le faire pourſuyure ſelon le deſſein que ie
vous en ay figuré par vn plan. Or ce lieu eſt fort bien baſty: car d'vne terrace qui eſt ſur
le deuant, on entre dans le logis à vne allée, faiſant ſeparation du corps du baſtiment
en deux, dont chacun coſté eſt bien & ſuffiſamment fourny de membres neceſſaires
pour vn tel lieu : & d'icelle allee l'on vient au pont. Pluſieurs voyans la maniere de ce
baſtiment, comme il à eſté là deſſus pratiqué, s'en ſont eſbahis, cognoiſſant le lieu
donner vn tel contentement. Il eſt oultre plus accommodé de iardins, auec vn Parc de
belle grãdeur, garny d'allees de pluſieurs ſortes. A main dextre de l'entree y a vne fontaine dedans vn Roc, de pluſieurs gettons d'eaue, & à l'entour d'iceluy, vne cuue de
quelque trois toiſes de diametre, touſiours pleine d'eau. A l'entour d'icelle cuue vne
allee à fleur de terre en maniere de terrace : Et plus hault, vne autre terrace, tout à l'entour de huict à dix pieds de hault, couuerte de treilles, ſouſtenue & fermee d'vn mur
enrichy de Nichee, colonnes, figures, & ſieges. Il y à deux Iardins en ce lieu, l'vn de là le
pont, lequel eſt fort grand: l'autre plus petit, eſt deçà la riuiere à main gauche en entrant

au baſtiment, au centre & milieu duquel iardin eſt vn petit caillou d'vn demi pied, ou enuiron, auec vn trou de poulce & demi de diametre, & fermé d'vne cheuille de bois laquelle oſtée il ſort vn geĉt d'eaue de la hauteur de trois toiſes de hault, qui eſt vne belle & plaiſante inuention. Ce lieu eſt accompagné d'vne foreſt aſſez grande, laquelle va dudit lieu de Chenonceau iuſques aupres d'Amboiſe, qui eſt à trois lieuës dudit Chenonceau: & ioignant vn des coſtez du Parc, y à vn pré grand & beau. Vous pourrez veoir le ſurplus par les plans & eſleuations que vous en ay, deſſeigné.

Chantilli.

E lieu eſt ſitué aux confins de la France, à dix lieuës de Paris, ville capitalle, à vne lieuë de la ville de Senlis. Le baſtiment conſiſte en deux places: la premiere eſt vne court, en laquelle ſont quelques baſtimens ordonnez pour les offices: la ſeconde eſt vn autre court eſtant cóme triangulaire, & eſt eſleuee plus haulte que la premiere, de quelque neuf ou dix pieds, & faut monter de la premiere pour venir à la ſeconde. Entour laquelle de tous coſtez eſt le baſtiment ſeigneurial, faiĉt de bonne matiere, & bien baſty. Iceluy baſtiment & court ſont fondez ſur vn rocher, dãs lequel y à caues à deux eſtages, ſentant pluſtoſt, pour l'ordonnãce vn Laberinthe, qu'vne caue, tãt y à d'allées les vnes aux autres, & toutes vooltées. Pour le regard de l'ordónance du baſtiment ſeigneurial, il ne tient parfaiĉtemét de l'art Antique ne moderne, mais des deux meſlez enſemble. Les faces en ſont belles & riches, comme verrez par les deſſeins qu'en ay faiĉt expreſſément. En la court premiere eſt l'entrée du logis. Les faces des baſtimens eſtans en icelle tant dans la court que dehors, ſuiuent l'art Antique, bien conduiĉts & accouſtrez. Ces deux courts auec leurs baſtimens ſont fermez d'vne grãde eau en maniere d'eſtang dont entre icelles y à ſeparation comme d'vn foſſé, par laquelle ſeparation laditte eauë paſſe au trauers. Au deſſus y à vn pont pour aller & venir d'vne des courts à l'autre. Ioignant le grand corps de logis y à vne terrace praticquee d'vn bout du Parc, à laquelle on va de la court du logis ſeigneurial par le moyen d'vn pont eſtant ſur l'eauë, lequel faiĉt ſeparation du logis ſeigneurial & de la terrace: & d'icelle on vient au Parc par deſſus vn arc, ſur lequel eſt praticqué vn paſſage couuert: & entre icelle terrace & Parc eſt pareillement pratiqué par bas vn paſſage en maniere de foſſé, qui ſert pour le preſent de chemin & voye commune, & toutesfois fermé des deux coſtez de bonnes murailles, pour ſouſtenir les terraux tant du coſté du Parc, que de la terrace. Ce lieu eſt accompagné d'vn grãd iardin, à l'vn des coſtez duquel eſt vne gallerie à arceaux, eſleuee vn peu plus hault que le rez du iardin. D'vn coſté d'iceluy iardin eſt la baſſe court, en laquelle ſont pluſieurs baſtimens ordonnez pour eſcuries. Outre le grand iardin, & prochain iceluy, en y à vn autre, non pas de telle grandeur. Iceux iardins ſont enuironnez de places, eſquelles aucunes ſont bois, prez, taillis, cerizaies, forts d'arbres, & autres commoditez. Aucunes d'icelles places ſont fermees par canaux, les autres non: & en ces places eſt la haironniere. Le Parc eſt fort grãd, à l'entree duquel, à ſçauoir du coſté du chaſteau, eſt vne eauë, qui donne vn grand plaiſir. Ce lieu eſt fermé du coſté de Paris, de la foreſt de Senlis, dans laquelle y à vne voute pour aller du lieu au grand chemin de Paris. En ſomme, ce lieu eſt tenu pour vne des plus belles places de France.

Anet.

C E lieu est assez recognu pour vne des belles places de France. Il est au païs du Perche en Normandie, comme au milieu de quatre villes, à sçauoir Dreux, Eureux, Montfort, & Meulan. Ioignant & prochain ce lieu est vne petite riuiere, dicte Dure. Le bastiment est assis en vne plaine, & est accommodé de tout ce que besoin est pour rendre vn lieu parfaict, tant d'vn Parc, bois, Canaux, que de tout ce qui est necessaire. Feu Madame la Duchesse de Valentinois l'a fort enrichy de bastimens & d'autres beàutez, côme verrez par les plan & eleuations. La principalle court est fermee de corps de logis en tous costez : dont à main dextre de l'entree est vne chapelle ronde auec son Dome dessus, bien accoustree & digne d'estre veuë, pour la bonne ordonnance dont elle est faitte. Aux costez de la court principalle, & outre les corps de logis à dextre & à senestre par le dehors, sont deux courts, vne de chacun costé, fermees partie de bastimens, partie de murailles. A la court senestre y à vne fontaine de belle ordonnance, de laquelle ie vous ay voulu faire dessein. Derriere le logis seigneurial y à vne terrace à la haulteur du rez de terre de la court principale de laquelle terrace l'on contemple le Iardin, qui donne beauté d'estre veu sur icelle. D'icelle terrace l'on descend au iardin, & au dessoubs d'icelle y à vne gallerie voultee. Le iardin est de bonne grandeur, & richement accoustré de galleries à l'enuiró, dont les trois costez sont tát en arcs qu'en ouuertures carrées, le tout rusticque, qui donne au iardin vn merueilleux esclat à la veuë. Le iardin est garny de deux fontaines bien prinses, & assises, à cause qu'il est plus large que profond. Derriere iceluy sont deux grandes places seruantes comme de Parc, separez d'ensemble toutesfois, le tout clos. Icelles places sont réplies comme par parquets, les vnes de prez, les autres de taillis, autres de bois, de garennes, d'arbres fruitiers, viuiers : & iceux parquets sont separez par allees, & entre chacune allee & parquet en vne partie sont Canauz. La haironniere est comprise en ces places. Aussi l'Orengerie, en laquelle est vn bastiment bien plaisant, les vollieres à oyseaux aussi vn bastimenr ioignát le iardin, auquel est praticqué vne salle fermee d'vne caue, en ordre d'vne demie circonferance. En somme, tout ce qu'on desireroit pour rendre vn lieu parfaict, est là sur le derriere : & hors d'icelle place est vn Hostel Dieu, auec vn logis bien basty : & prochain iceluy passe laditte riuiere de Dure. Ioignant le bastiment sur le deuant y a vne assez belle grande place, de laquelle lon va au bourg. Depuis quelque temps à esté faict à main senestre, hors la closture des bastimens & iardins vne chapelle. Moy y estant, me fut dict qu'elle auoit esté faicte pour mettre la sepulture de feu Madame la Duchesse : dont ayant recouuert l'ordonnance d'icelle sepulture, ie la vous ay voulu mettre en dessein.

Escouan.

C E lieu est assis en France, à cinq lieuës de Paris, à trois lieuës de sainct Denys, & entre sainct Denys, & Lusarche, qui est à sept lieuës de Paris : & tous ces lieux font vne ligne droicte partant du centre de Paris. La maison est bastie sur vn tertre, ayant sa veuë & beau regard sur le val tirant audit Lusarche. De l'autre costé vers Paris est vne montaigne couuerte de haulte fustaye, qui empesche en partie la beauté du val deuers Paris. Ce bastiment consiste en quatre grands corps de logis, la court au milieu, ayant fossez sur trois costez, vne terrace sur l'autre, laquelle descoure vers le bourg, Au pied d'icelle est vn lieu de paulme, auec deux petis corps de logis au deux bouts d'i-

celuy. Au pied du baſtiment, & de la terrace d'vn coſté, eſt vn iardin, lequel au temps
que ie fus veoir le lieu pour en prendre les deſſeins, n'eſtoit encor paracheué. Entre le
baſtiment par le dehors, & le foſſé, y à les trois terraces de trois à quatre toiſes de large,
qui circuiſſent le baſtiment. Icelles terraces ſe viennent rendre à la grande cy deſſus dit-
te, leſquelles ſont pauees bien richement, ayant perapel de trois pieds de hault regnant
entour icelles, & le foſſé, ce perapel ſeruant d'appuy, quand on regarde des terraces
dans le foſſé. La court eſt ſi richement pauee, qu'il ne s'en trouue point qui la ſeconde.
Des quatre corps de logis circuiſſans la court, les trois ſeruent à commoditez de ſalles,
chambres, & autres membres, le quatrieme corps eſtant vne gallerie. Les faces tant de la
court que du dehors, ſont richement faictes; comme apparoiſt par les eleuations que
vous en ay deſſeignees. A l'vne des faces d'vn des corps dãs la court y a deux niches, leſquelles ſont deux figures de captifs de marbre blanc, vn peu plus grand que le naturel,
de la main de feu Michel Ange, eſtimees des meilleures beſongnes de France pour le
regard de l'œuure, & non ſans cauſe. Feu Monſieur le Conneſtable feit baſtir ce lieu:
maintenant madame, veufue de luy, y faict ſa demeure.

Dampierre.

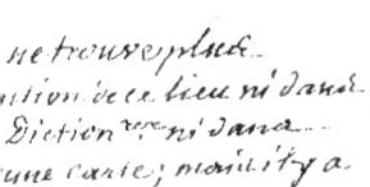

CE baſtiment eſt aſſis en vn vallon, circuy de montaignes & boys taillis: & eſt le pays d'enuiron fort couuert. Ses prochaines villes ſont Che-
ureuſe à vne lieue vers ſoleil leuant, Montfort Lamaury à trois lieues,
Dourdan à quatre lieues au ſoleil de midy, Poiſſi à ſix lieues, Villepreu
à trois lieues vers le Septentrion. La prochaine riuiere eſt Seine à cinq
lieues loing. En ce lieu n'y à point de vignes, ſinon terres labourables
paſſablement, toutesfois vne partie inutiles, & faulte d'eualuer. Ce lieu fut premieremẽt
baſty par vn threſorier, & depuis à appartenu à feu Monſieur le Cardinal de Lorraine,
lequel l'a amplifié de quelques cõmoditez. A veoir ce lieu de loing, il n'eſt pas de grand
monſtre, encor qu'il ſoit aſſez bien accommodé de ce qu'eſt beſoin à vn bon lieu. Il
n'eſt couuert que de tuille: tant y à qu'il eſt garny de foſſez à l'enuiron, & y à vn fort
beau iardin, vne grande baſſecourt enrichie de ſes baſtimens neceſſaires. Deuant le logis y à vn grand eſtang, dont la chauſſee d'iceluy faict le chemin large & beau entre ledict eſtang & le logis. La court dans le logis principal eſt petite: toutesfois auant qu'entrer audict logis, on trouue vne auantcourt, qui donne quelque contentement. Le baſtiment eſt aſſez bien accommodé de ſes membres: mais entre autres y à des eſtuues &
baignoires prattiquées, tant à vne des tours du coing, qu'à vne petite place prochaine,
fort bien accouſtrez: principalement l'eſtuue eſt de trois niches auec quelques coulonnes, la voulte deſſus. D'autant que ie l'ay trouuée de bonne grace, ie la vous ay deſ-
ſeignée. Deſſoubs le logis ſont les offices bien baſties. En ce lieu y à quelques iardins à
fruicts, auec vn Parc, qui n'eſt pas de grande eſtendue, comme vous pouuez veoir par
la meſure du plan. Ledict ſieur Cardinal à faict peindre dans la ſalle, & à quelques membres, des hiſtoires, par maiſtres excellens. Le reſte cognoiſtrez aſſez du lieu par les plans
& eleuations.

Challuau.

CE baſtiment eſt aſſis au pays de Gaſtinois, entre Fontainebleau, Montereau
& Nemours: dont iceluy faict comme vn centre, ayant Fontainebleau pour
occident, Montereau pour le Septentrion, & Nemours pour le midy. Ce
baſtiment n'eſt qu'vn corps, ayãt quatre pauillons aux quatre coings. A l'en-

trée eſt vn perron à trois pans. Au deſſus eſt vne chapelle couuerte, le Doſme deſſus. D'iceluy petron on va à vn grand eſcallier, pour aller du premier eſtage au ſecond. Chaſcun d'iceux eſt garny ſur le derriere d'vne ſalle, chambre, auec garderobes, montées, & priuez. Sur le deuant aux deux coſtez de l'eſcallier, & ioignant iceluy, ſont deux eſtroites allées, par leſquelles l'on va à vne allée, qui a iour des deux bouts, laquelle faict ſeparation entre la ſalle & la chambre. Ioignant icelle, & entre les membres qui ſont ſur le deuant, qui ſont, aſſçauoir à main dextre & ſeneſtre, deux chambres, deux garderobes, montées, & priuez de chaſcun coſté. Ceſt edifice eſt baſty de pierre & brique. La couuerture d'iceluy eſt vne terrace de pierre de liais, ſuiuant à peu pres l'ordre de ſainct Germain en Layes, & la Muette. Ioignant iceluy par le coſté dextre en entrant eſt vn iardin, au pied duquel eſt vn canal, duquel on pourroit faire de belles choſes. L'autre coſté oppoſite du iardin, dont le baſtiment eſt entre deux, eſt vne montaigne, où ſont bois de haute fuſtaye : & d'icelle montaigne ſe peut faire vn pont, duquel on iroit du baſtiment au bois, tant la montaigne eſt pres du logis. Le Roy François premier fit baſtir c'eſt edifice en ce lieu, à cauſe qu'audict bois prochain y auoit grande quantité de cerfs. Ce lieu de preſent appartient à Madame d'Eſtampes, & s'en va fort ruynant, à faute d'eſtre habitué. Vous verrez le plan & eleuations, qui vous feront plus certain du lieu.

Beauregard.

CE baſtiment eſt à vn particulier, aſſis à trois lieuës ou enuiron de Bloys du coſté du midy, en commune aſſiete. L'edifice n'en eſt pas grand, mais il eſt mignard, & autant bien accommodé qu'il eſt poſſible, pour ce qu'il contient. Le principal corps du baſtiment eſt vn pauillon, au premier eſtage duquel y a ſalle, chambre, garderobe. Prochain & ioignant ce corps eſt vn eſcallier, par lequel on va à vne gallerie, tant au premier que ſecond eſtage, que pareillement aux eſtages du pauillon : & d'icelle gallerie à quelques membres fort bien & aiſément accommodez. Il y a en la court autres baſtiments faicts de plus long temps. Les veuës & croiſées du pauillon ont leur regard ſur la court & iardin, la gallerie dans la court : l'autre partie des veuës, aſſçauoir du deuxieſme eſtage, ſur vignes. Tout ainſi que le baſtiment eſt plaiſant & ioly, auſſi eſt pareillement le iardin : de ſorte que le Seigneur, qui eſtoit Monſieur du Thier, ainſi que i'ay entendu, eſtoit curieux rendre ce lieu auec contentement : & meſmes que ſur le derriere de la gallerie, qui n'a ſon regard que ſur des vignes, encore y a-il plaiſir par le moyen des allées y praticqnées, reſpondantes à vne grande & large, qui eſt entre les vignes & le corps de la gallerie. De la baſſe court on va à vn parc aſſez grand & beau. Il y a pareillement quelques iardins fruictiers, comme vous cognoiſtrez par le plan que ie vous en ay deſſeigné, auec les montées, de la pluſpart de tout le lieu, tant du coſté des vignes, que du coſté oppoſite : & par icelles eleuations pourrez iuger tant de l'edifice, que de tout le contenu.

Bury.

CE baſtiment eſt aſſis à deux lieuës de Blois, aſſez prochain de la riuiere de Loire du coſté de Septentrion. Il eſt eſleué, & de grand monſtre. D'vn coſté il deſcouure vn vallon deuers le bourg, qui va vers la riuiere, où eſt vne fort belle veuë. L'autre coſté s'eſtend en haut ſur la plaine. En ce lieu y a deux courts, celle du Sieur, & la baſſe. Celle du Sieur a vingtcinq

toiſes en carré, entour laquelle, & aux quarre coſtez, ſont quatre corps de logis. Aux
quatre angles d'iceux par le dehors ſont quatre tours d'aſſez belle monſtre. Dicelle
court du Sieur on paſſe outre le baſtiment de la face, pour deſcendre par vn eſcallier au
iardin, lequel n'eſt pas fort grand, toutesfois fort beau & bien entretenu, & deſcouure
le val cy deſſus dict, au millieu duquel eſt vne fontaine eſleuée. Ioignant ce iardin, & à
coſté d'iceluy, y a vn ſecond iardin, qui pareillement à ſon regard ſur le val, & reſpond
derriere la baſſe court. Les quatre corps de logis fermans la court du Sieur ſont accommodez, à ſçauoir le corps faiſant ſeparatió d'entre la court du Sieur & le iardin, de ſalles,
chambres, garderobes, ayant leur regard l'vn ſur le iardin, l'autre ſur la court. Des deux
autres corps à dextre & ſeneſtre, celuy à dextre en entrant au premier & ſecond eſtage
ſont galleries à croiſées, de la longueur de la court: le corps à ſeneſtre au premier eſtage
eſt dedié à offices: au deſſus chambres, garderobes. L'autre corps qui faict la face de l'entrée, n'a qu'vn eſtage, & eſt par dedans la court vne gallerie à arcs, & voultée: & deſſus
vne terrace ayant veuë ſur la court & ſur la plaine. La baſſe court eſt fermée la pluſgrande partie d'eſtables, granges, preſſouers, & autres lieux neceſſaires pour vne baſſe court.
Feu Monſieur d'Alluye le fit baſtir. Le demourant pourrez veoir par le plan & montées cy deſſeignées.

BLOYS
AEDES IN AREAM SPECTANTES

FACE PAR LE DEHORS DV COSTE DES IARDINS
FACIES EXTERIOR IN HORTOS SPECTANS
BLOIS

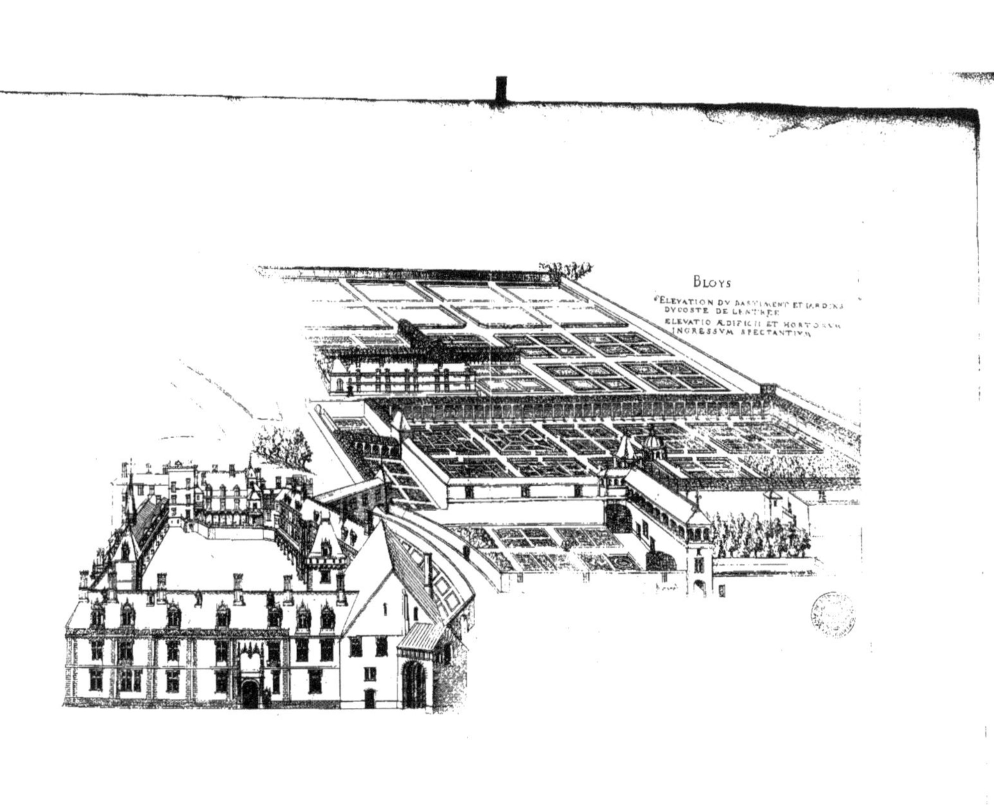
BLOYS
ELEVATION DV BASTIMENT ET IARDINS
DV COSTE DE LENTREE
ELEVATIO ÆDIFICII ET HORTORVM
INGRESSVM SPECTANTIVM

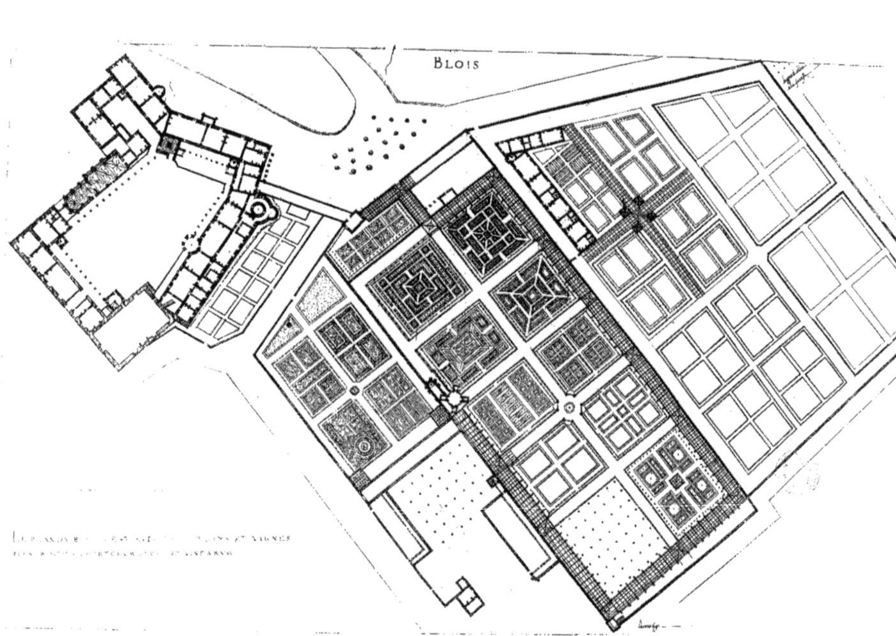
BLOIS

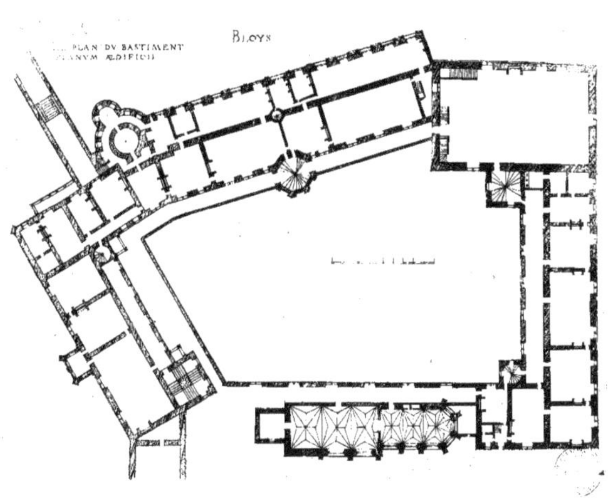
BLOYS
PLAN DV BASTIMENT
PLANVM ÆDIFICII

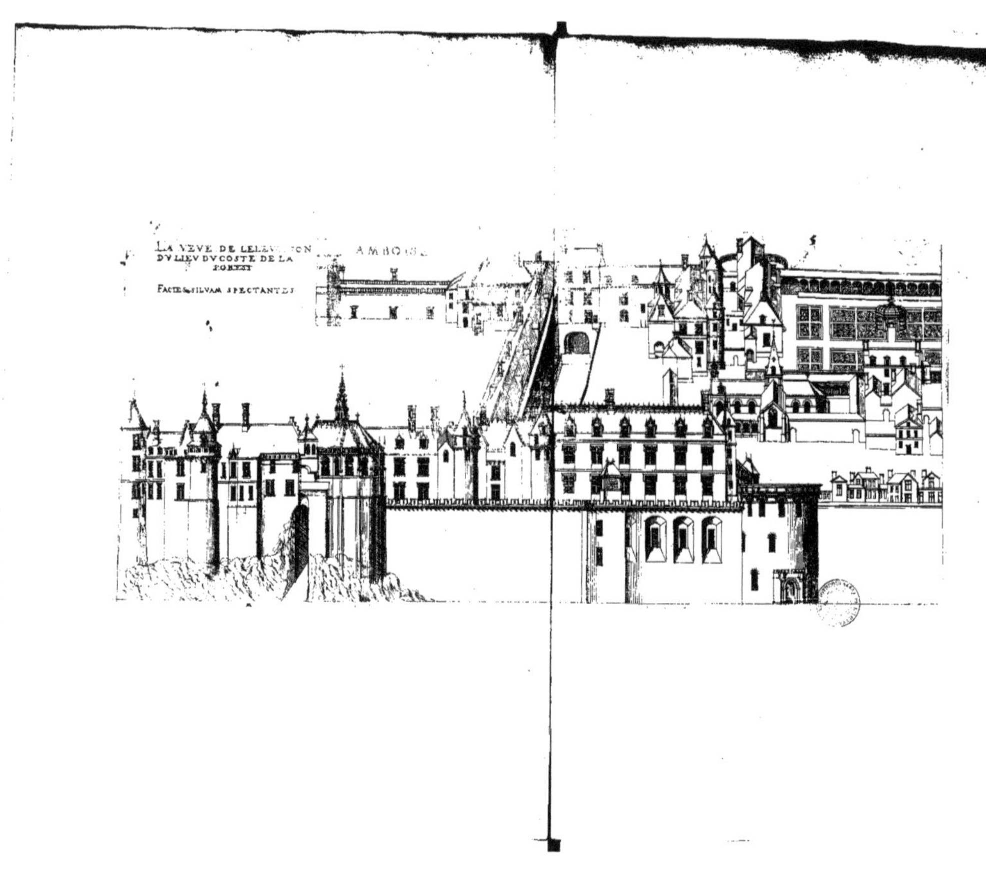

LA VEVE DE LELEVATION AMBOISE
DV LIEV DV COSTE DE LA
FOREST
FACIES SILVAM SPECTANTES

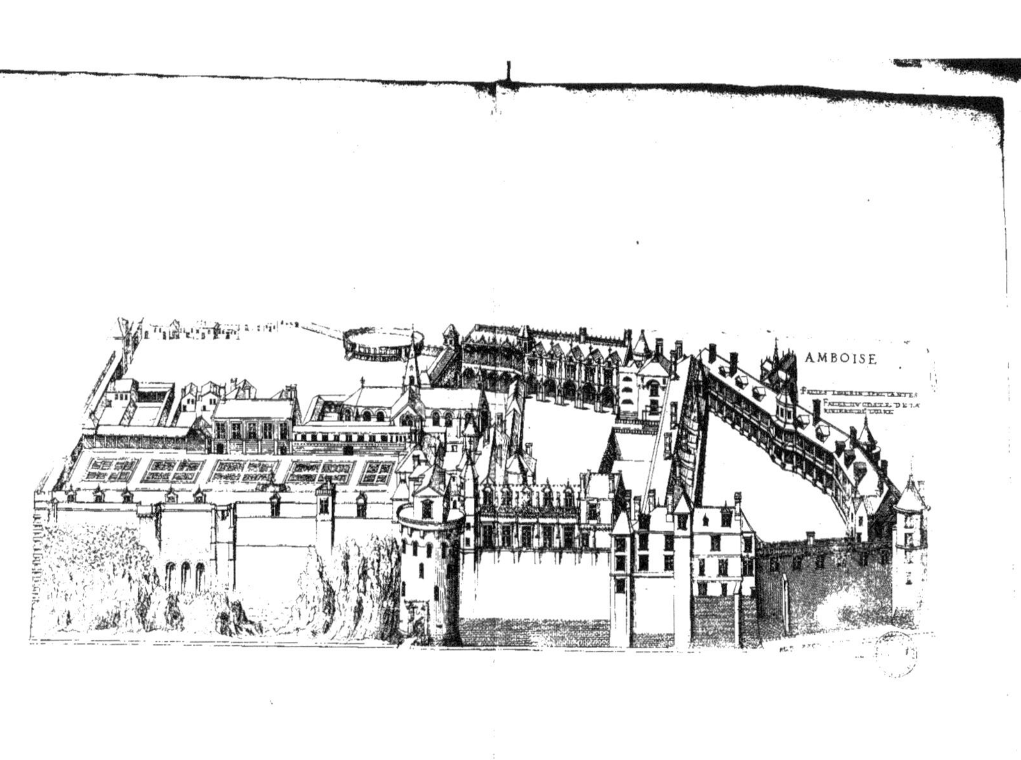

AMBOISE

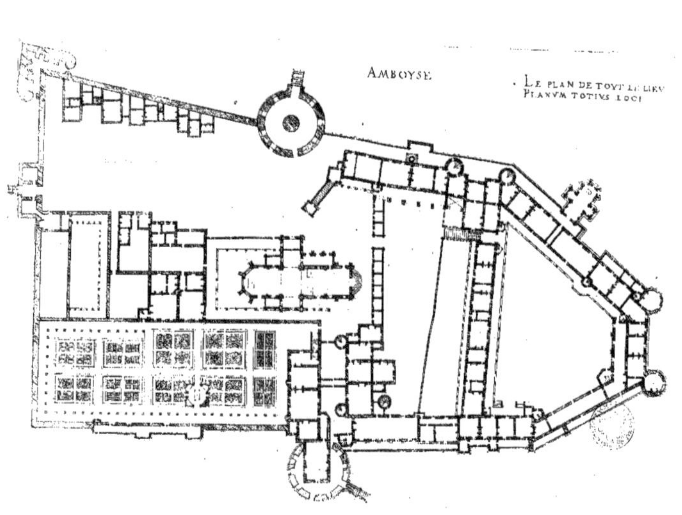
AMBOYSE
LE PLAN DE TOVT LE LIEV
PLANVM TOTIVS LOCI

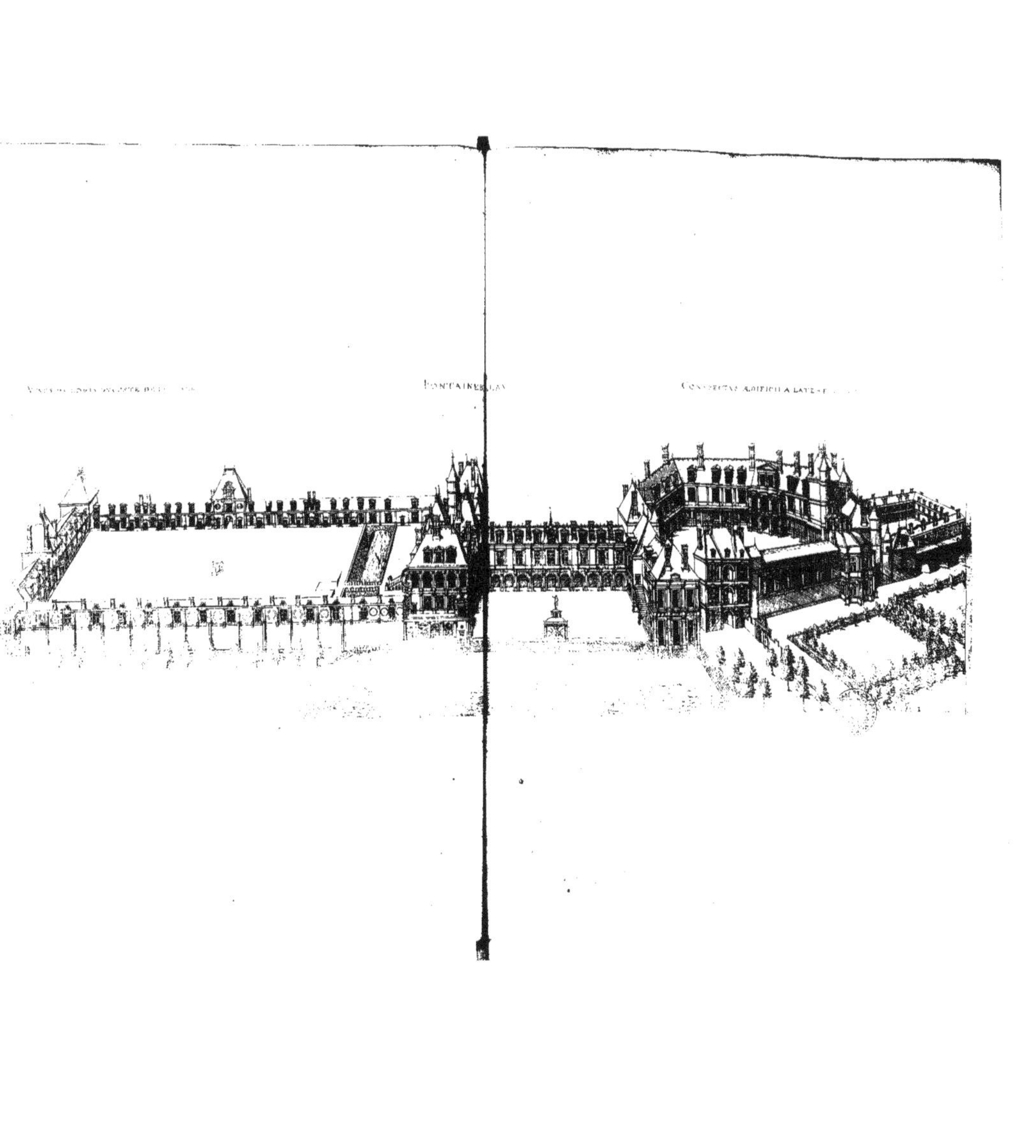
FONTAINEBLEAU
CONSPECTVS ÆDIFICII A LATERE

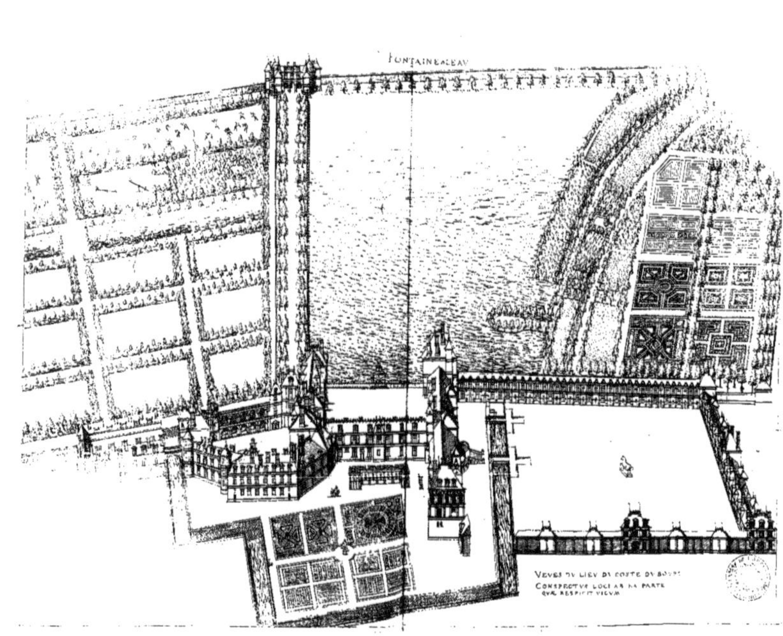
FONTAINEBLEAV
VEVES DV LIEV DV COSTE DV BOVRG
CONSPECTVS LOCI AB EA PARTE
QVÆ RESPICIT VICVM

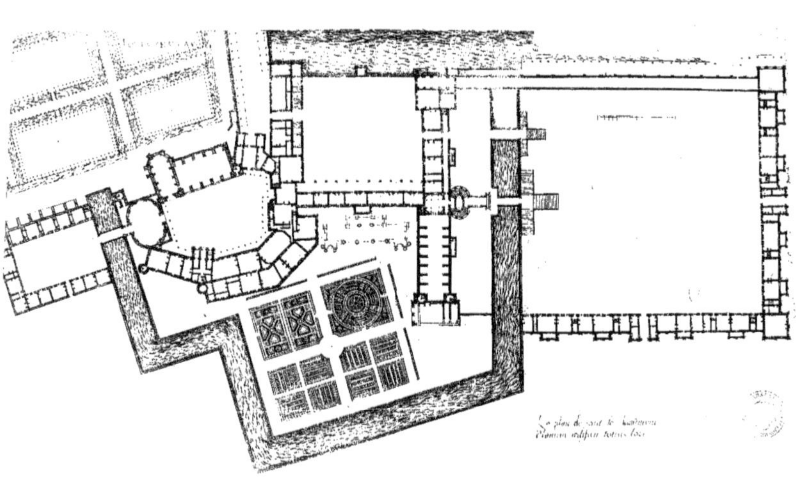
Le plan de tout le bastiment
Plenum aedifium totius loci

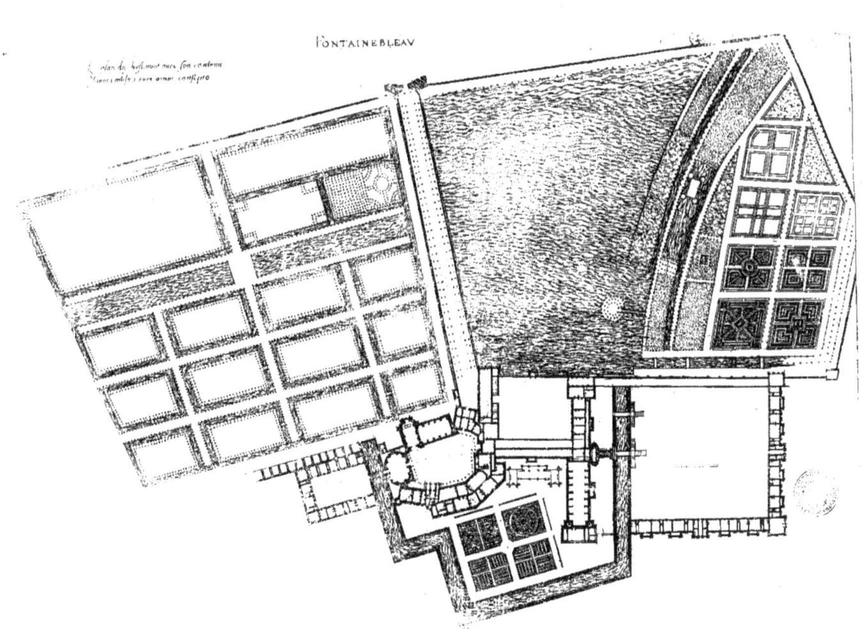

FONTAINEBLEAV
Le plan du bastiment auec son contenu

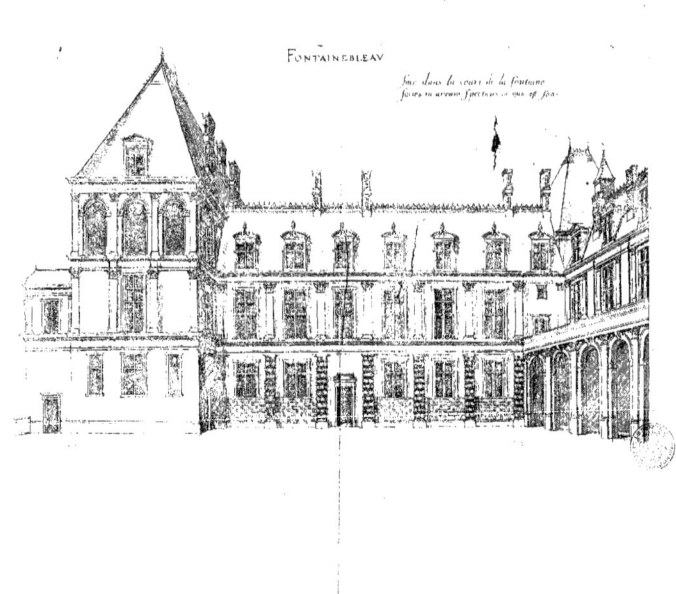
FONTAINEBLEAV
faic dans la court de la fontaine

n° 348

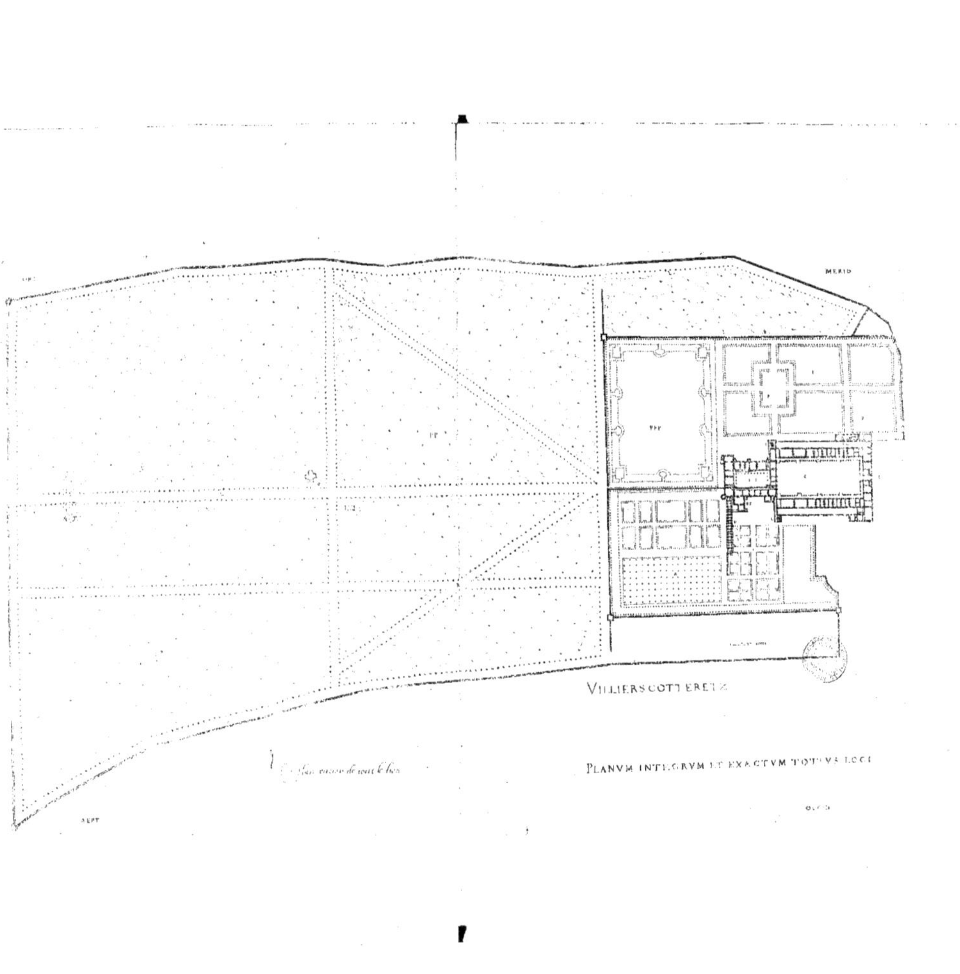

MERID
VILLIERS COTTERETZ
Plan entier de tout le lieu
PLANVM INTEGRVM ET EXACTVM TOTIVS LOCI
SEPT
ORIE

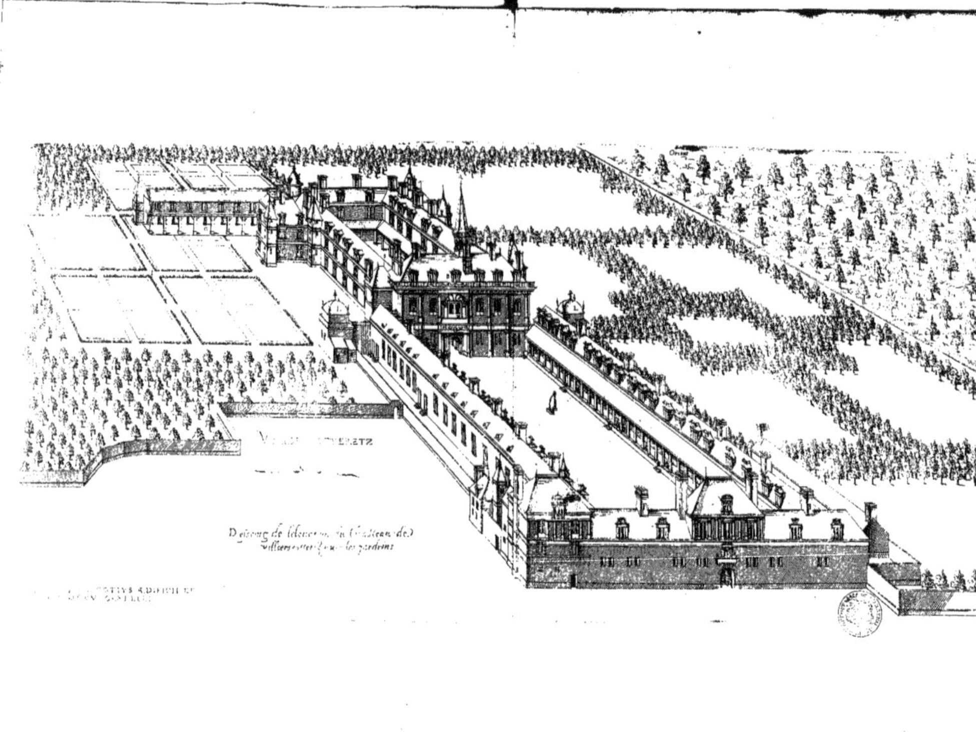

Desseing de la demeure du Chasteau de
Villiers coste devers les jardins

VILLIERSCOTTERZ

CHARLEVAL
Dessein des lucarnes deliberées
faire a la haute ... par le dehors
Vana descriptiones quas fieri
constitutum erat in arce inferiori

Diuersites dordonnances deliberees
faire a la basse court
par le dehors
CHARLEVAL
Varie designationes quas fieri
constitutum erat in area
inferiori

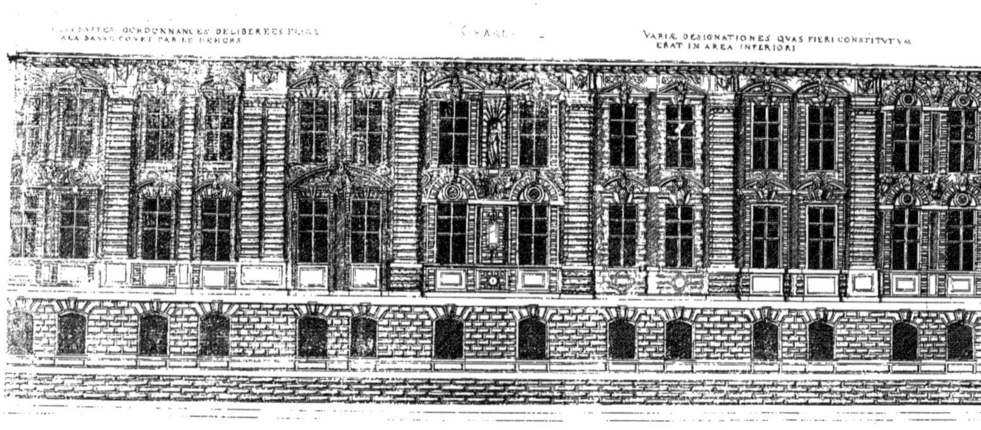

LES PETITES ORDONNANCES DELIBEREES POUR
A LA BASSE COUET PAR LE DEHORS
VARIÆ DESIGNATIONES QVAS FIERI CONSTITVTVM
ERAT IN AREA INFERIORI

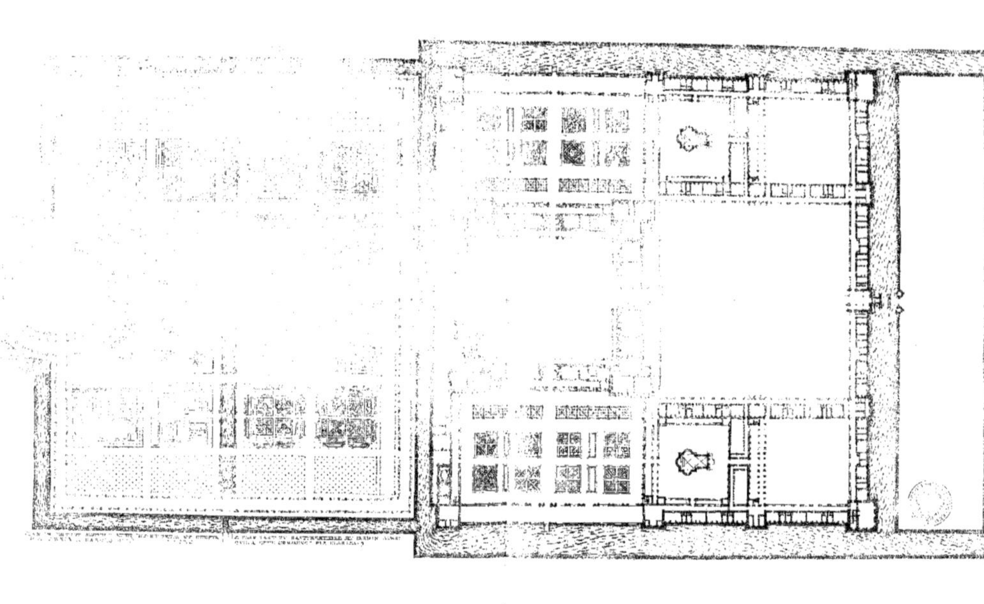

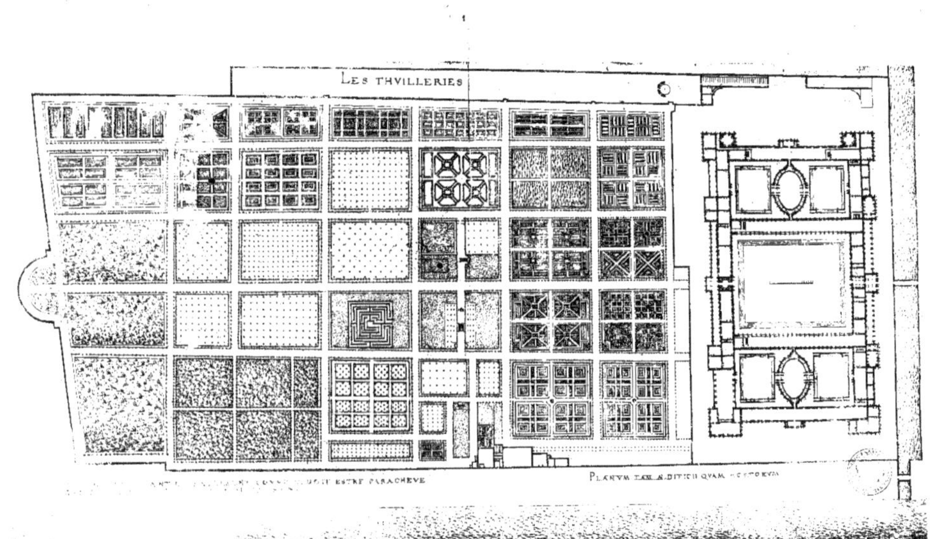

LES THVILLERIES
QVI NE SE CONCLVDIT ESTRE PARACHEVE
PLANVM TAM ÆDIFICII QVAM HORTORVM

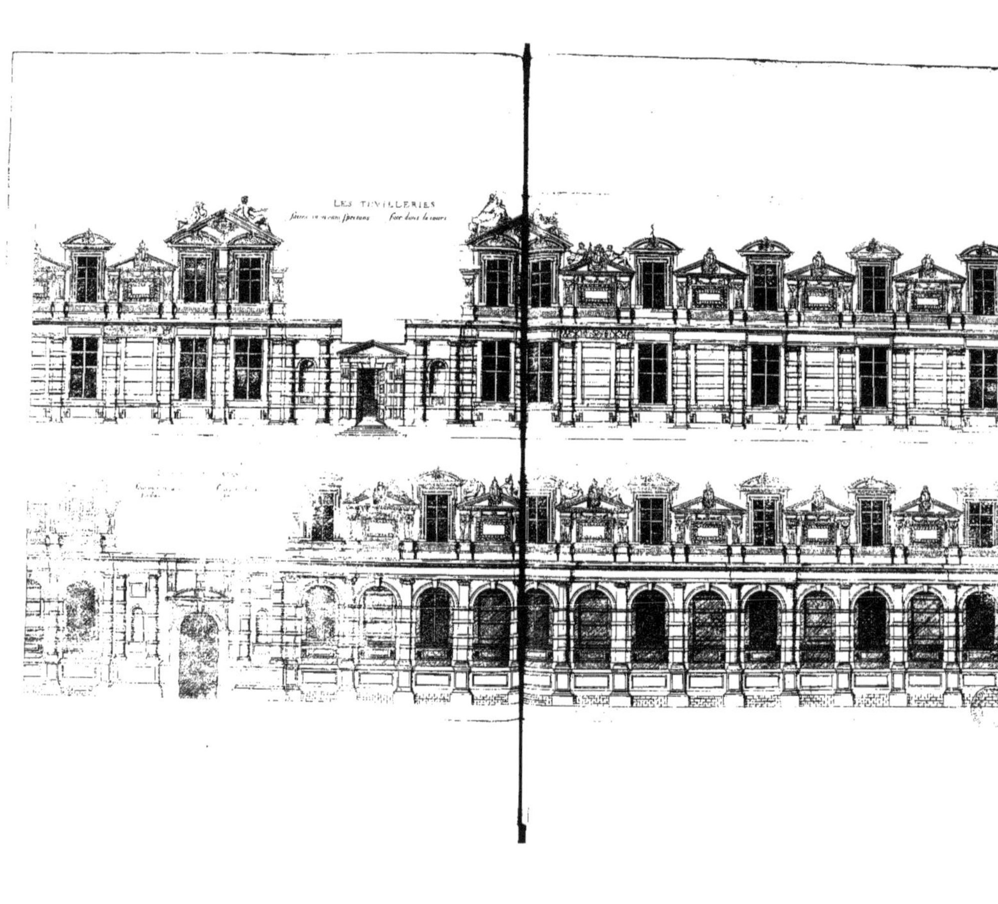

LES TUILLERIES
façade du costé spectans   face dans la cour

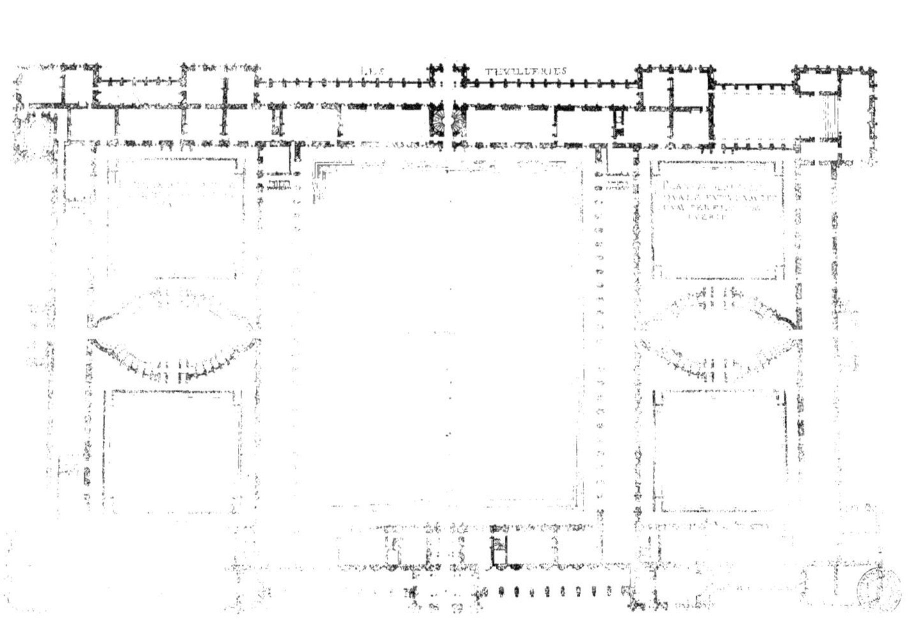
LES TUILERIES

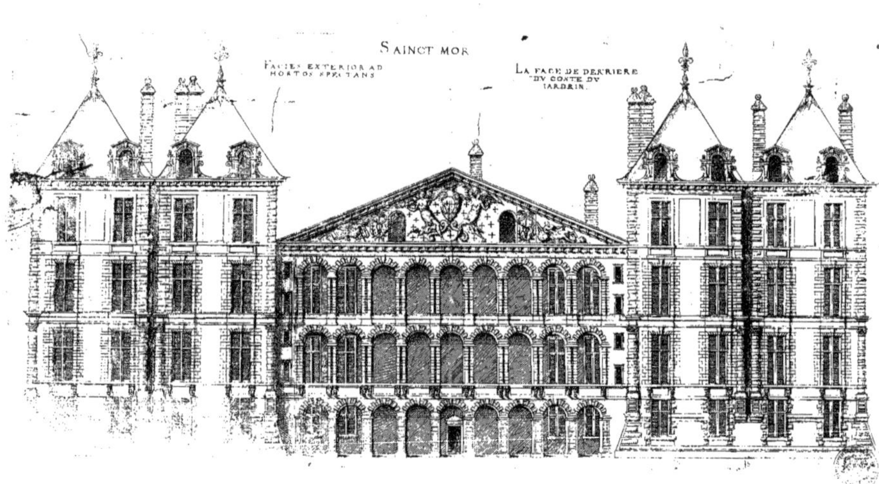
SAINCT MOR
FACIES EXTERIOR AD
HORTOS SPECTANS
LA FACE DE DERRIERE
DV CONTE DV
IARDIN.

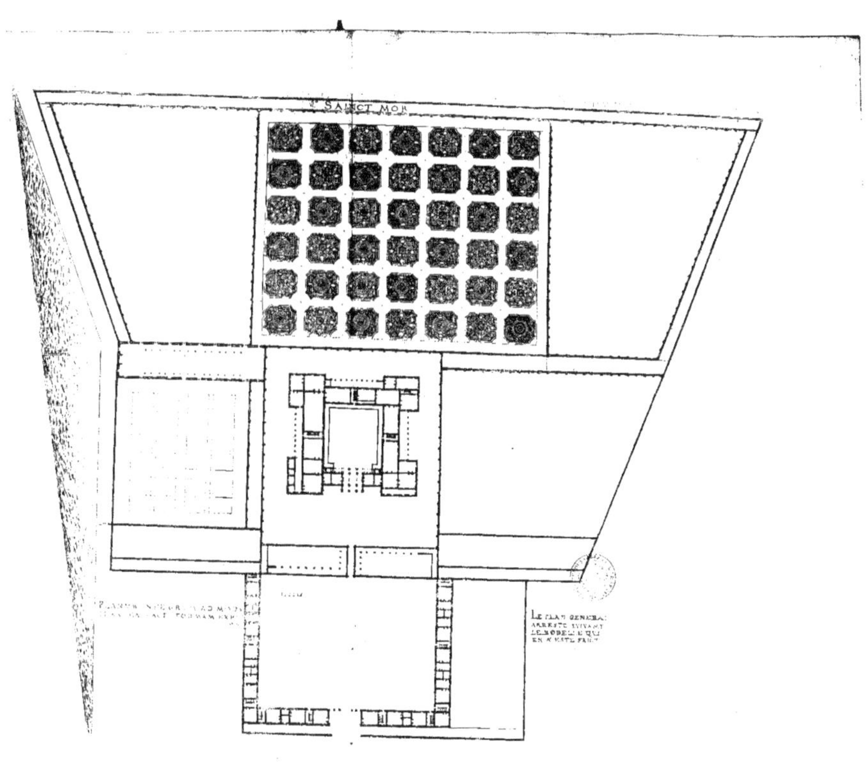

SAINCT MOR
LE PLAN GENERAL
ARRESTE SUIVANT
LE MODELLE QUI
EN A ESTE FAICT

SAINCT MOR
FACE . DEDANS LA COVRT DV PREMIE DESSING
FACIES AREAM SPECTANS PRIORIS DESIGNATIO

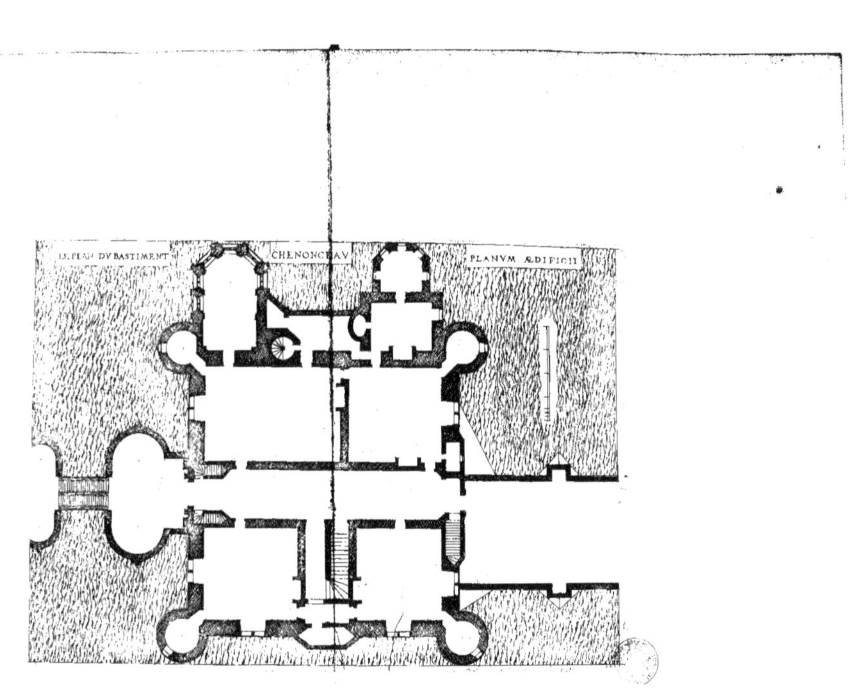
LE PLAN DV BASTIMENT
CHENONCEAV
PLANVM ÆDIFICII

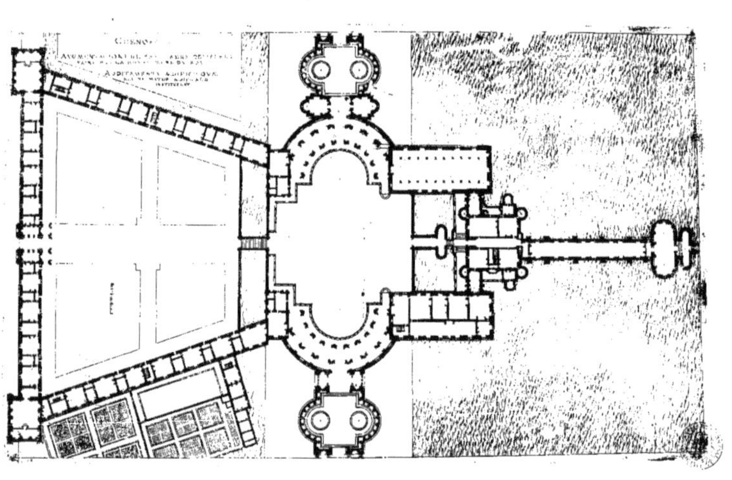

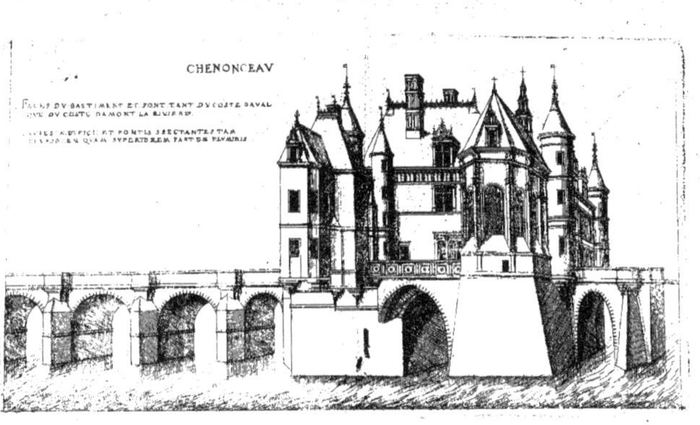
CHENONCEAV
FACE DV BASTIMENT ET PONT TANT DV COSTE DAVAL
QVE DV COSTE DAMONT LA RIVIERE.
...IES AEDIFICII ET PONTIS SPECTANTES TAM
...IOREM QVAM SVPERIOREM PARTEM FLVVIIS

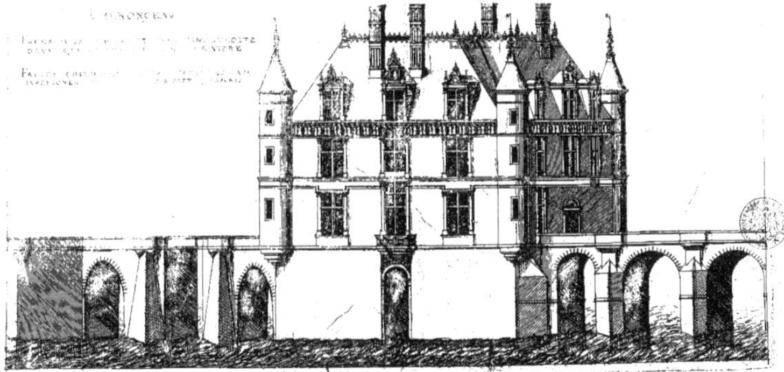
CHENONCEAV

CHANTILLY

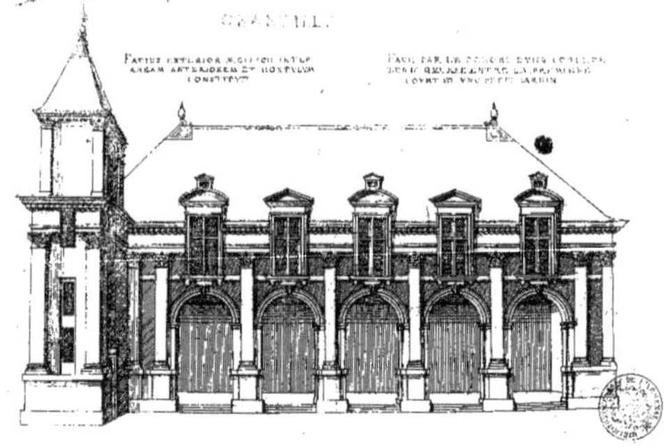

CHANTILLY
FACIES EXTERIOR... INTER AREAM ANTERIOREM ET HOSPITVLVM CONSTITVIT
FACE PAR LE... ENTRE LA PREMIERE COVRT ET VNG PETIT IARDIN

CHANTILLY
FACES DANS LA COVRT
FACIES IN AREAM SPECTANS

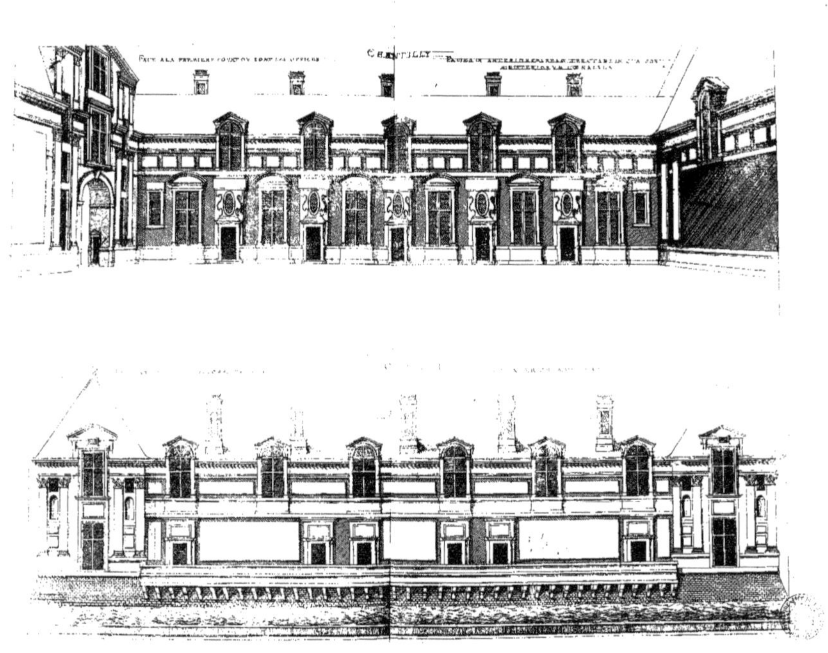
FACE A LA PREMIERE COUR OU SONT LES OFFICES
CHANTILLY

CHANTILLY

LE PLAN DE TOVT LE GONIERA
PLANVS TOTIVS

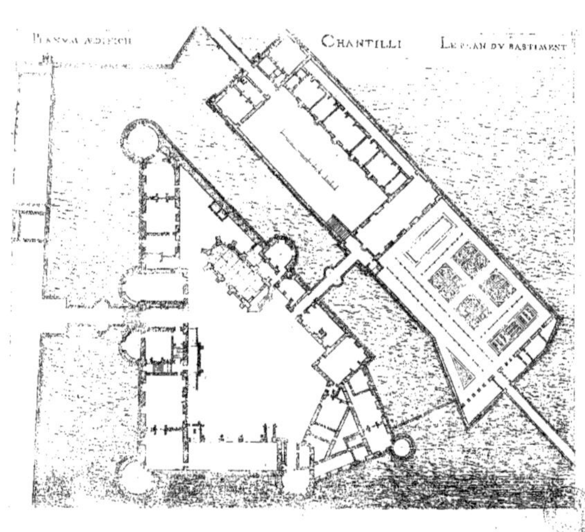
PLANVM AEDIFICII
CHANTILLI
LE PLAN DV BASTIMENT

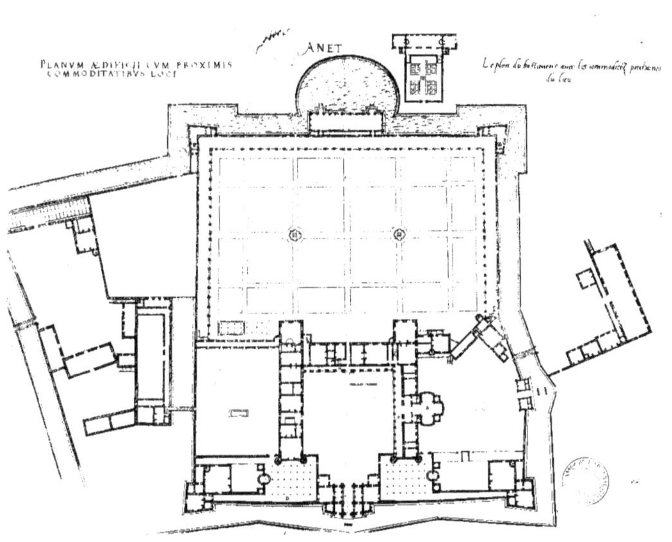
PLANVM ÆDIFICII CVM PROXIMIS
COMMODITATIBVS LOCI
ANET
Le plan du bastiment auec les commoditez prochaines
du lieu

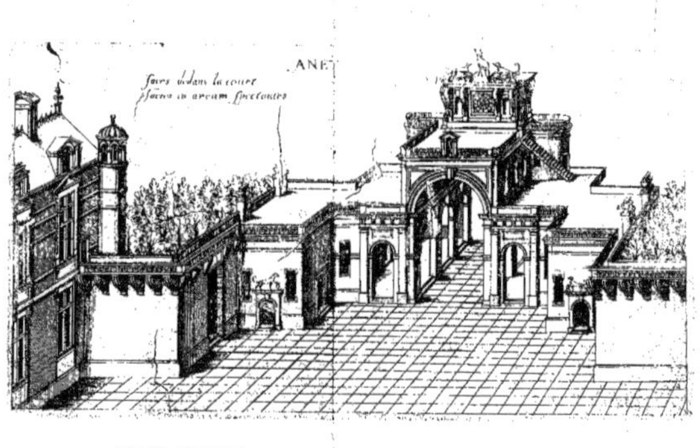

ANET
fours dedans la court
fornax in aream spectantes

ANET
ENTREE...

ANET

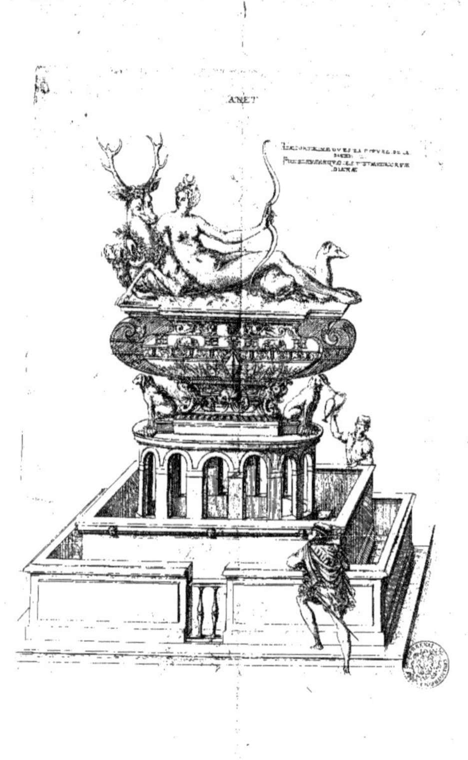
ANET
LE FONTAINE OV EST LA FIGVRE DE LA
DIANE
PROMETHEVS ... ET ... RVM
DIANAE

PLANVM SACELLI INTRA
ÆDIFICII PROXINTVM
CONSTITVIT DANET
LE PLAN DE LA
CHAPELLE DEDANS
LE LOGIS DANET

DESINATIO INTERIORIS
FACIEI EIVSDEM SACELLI
D'ANET

DESSEING DV DEDANS
DE LA CHAPPELLE
DANS LE LOGIS

La façade

Desseing du chasteau de la chappelle neufue hors le logis ou se doit mettre
la sepulture feu madame la duchesse de Valentinois

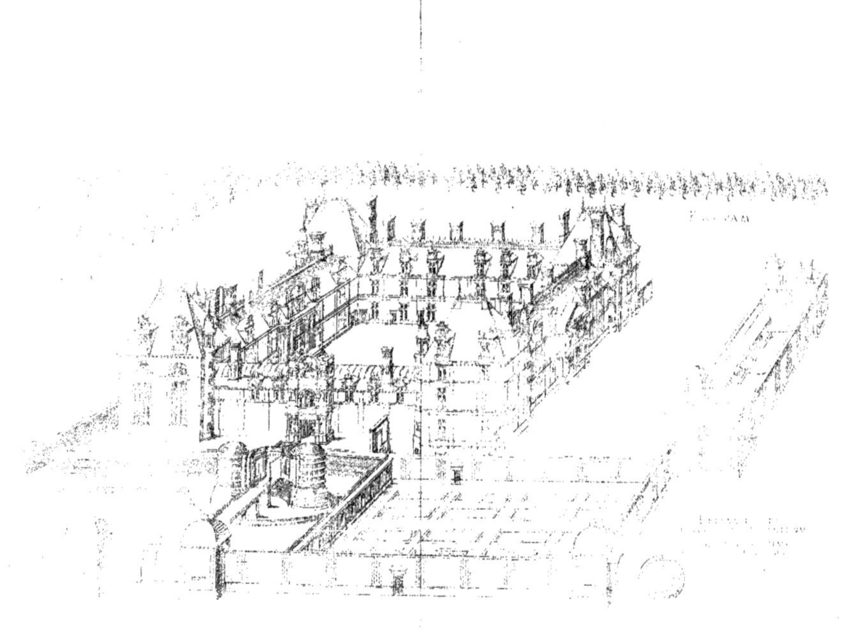

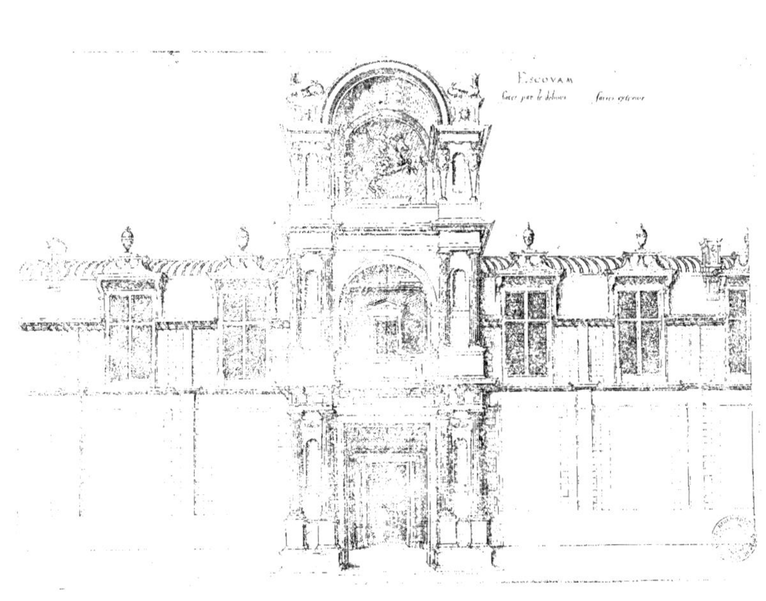
ESCOVAM
face par le dehors   face exterieur

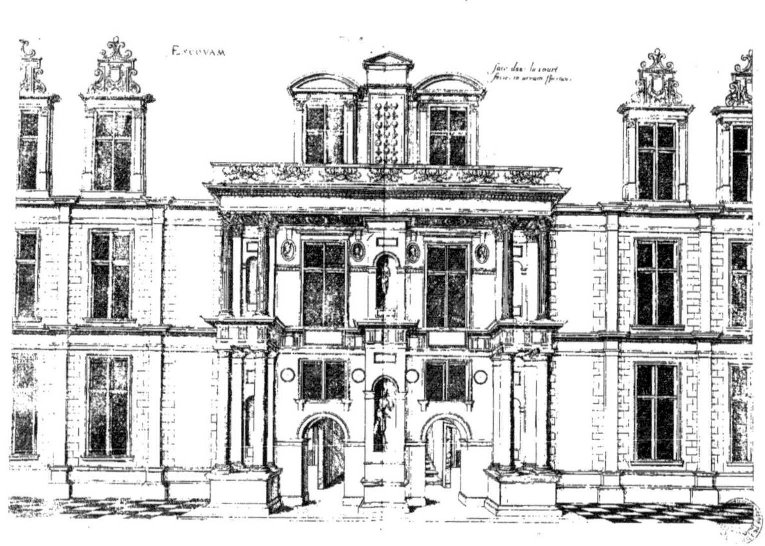
ESCOVAM
face dans la court
facies in aream spectans

faie dans la court
faces in arream spectans
ESCOVAM

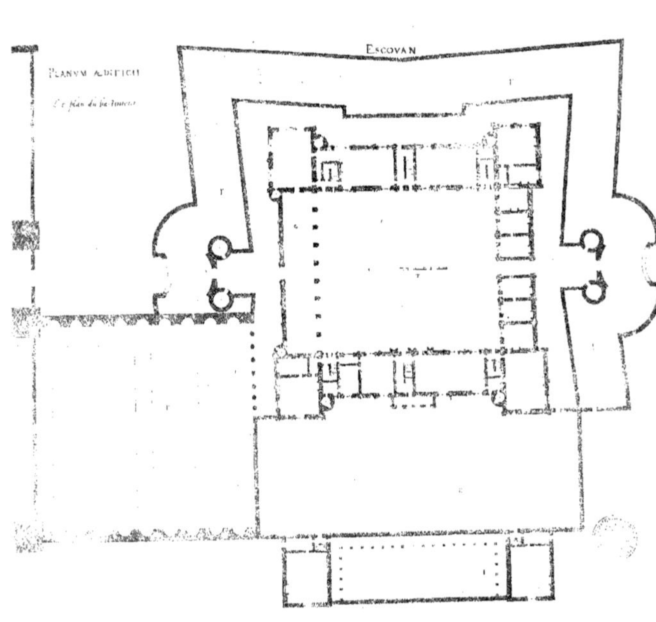

Escovan
Planvm Ædificii
Ce plan du batiment

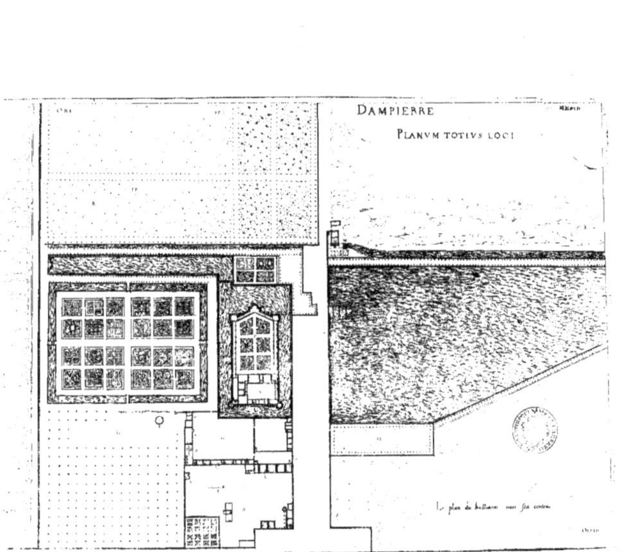
DAMPIERRE
PLANVM TOTIVS LOCI

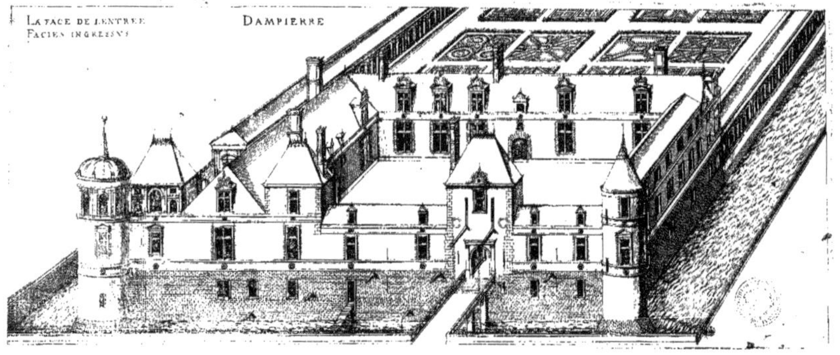
LA FACE DE L'ENTREE
FACIES INGRESSVS
DAMPIERRE

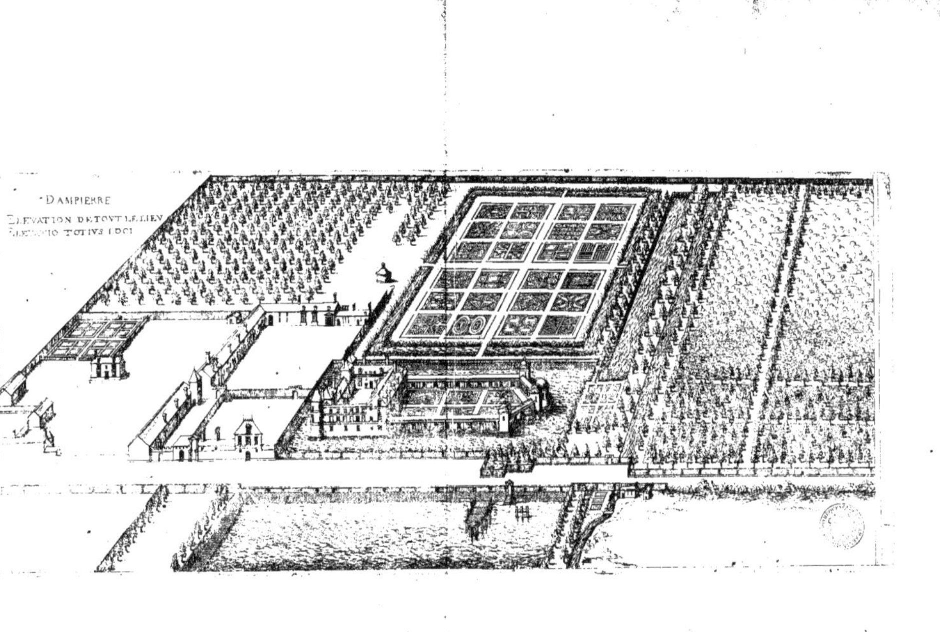
·DAMPIERRE
ELEVATION DE TOVT LE LIEV
ELEVATIO TOTIVS LOCI

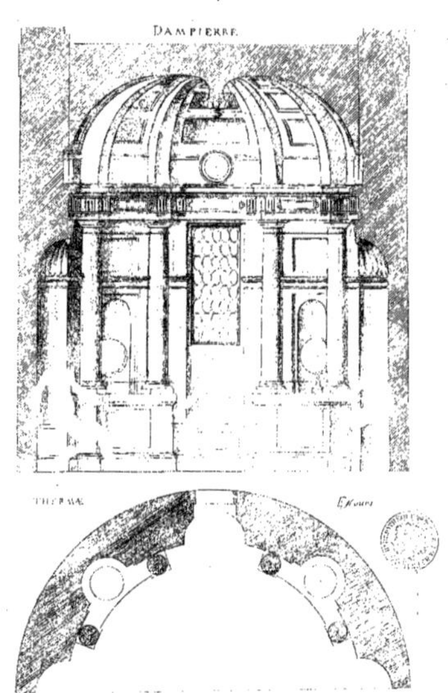
DAMPIERRE.
THERMÆ
E.Kours

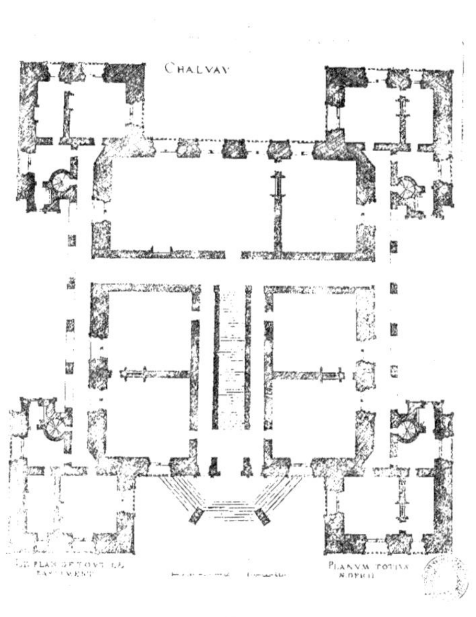

CHALVAV
LE PLAN DE TOVT LE BASTIMENT
PLANVM TOTIVS ÆDIFICII

CHALVAV
FACE DE L'ENTREE
FACIES ADITVS

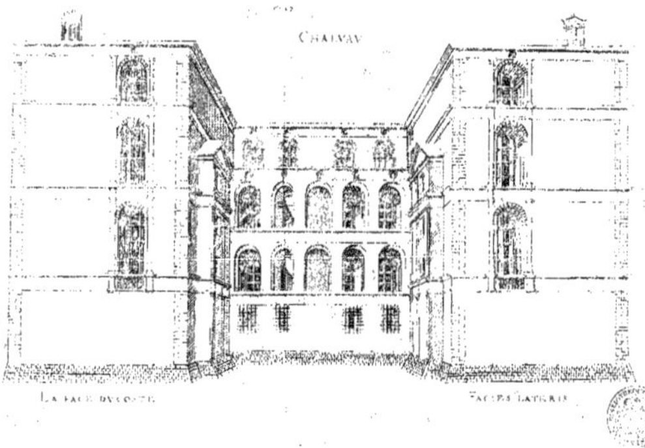

CHALVAV
LA FACE DV COSTE
FACIES LATERIS

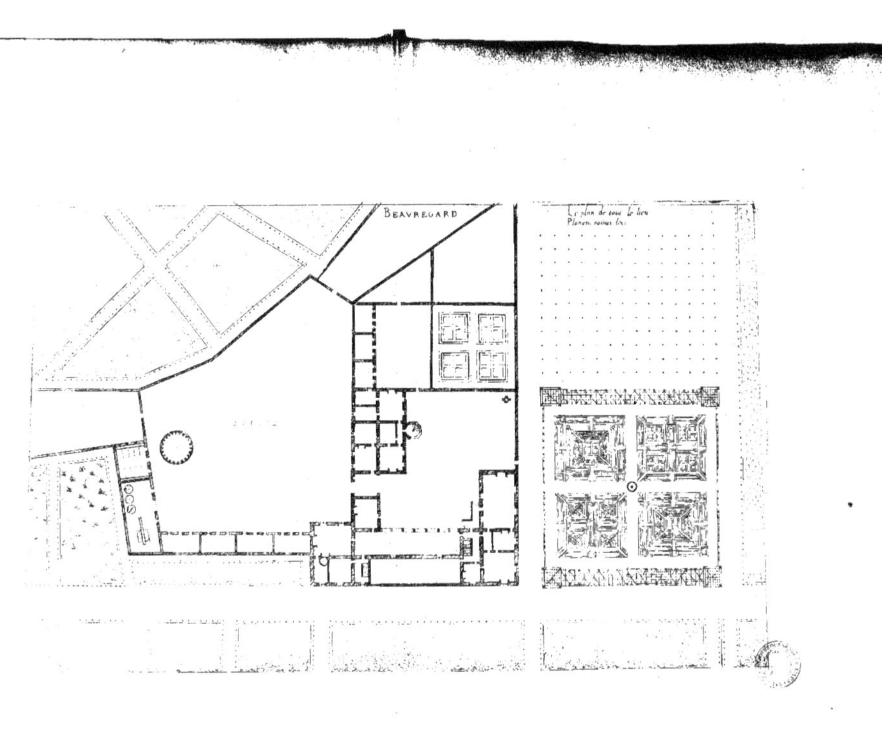
BEAVREGARD
Le plan de tout le lieu
Planem nocius lui

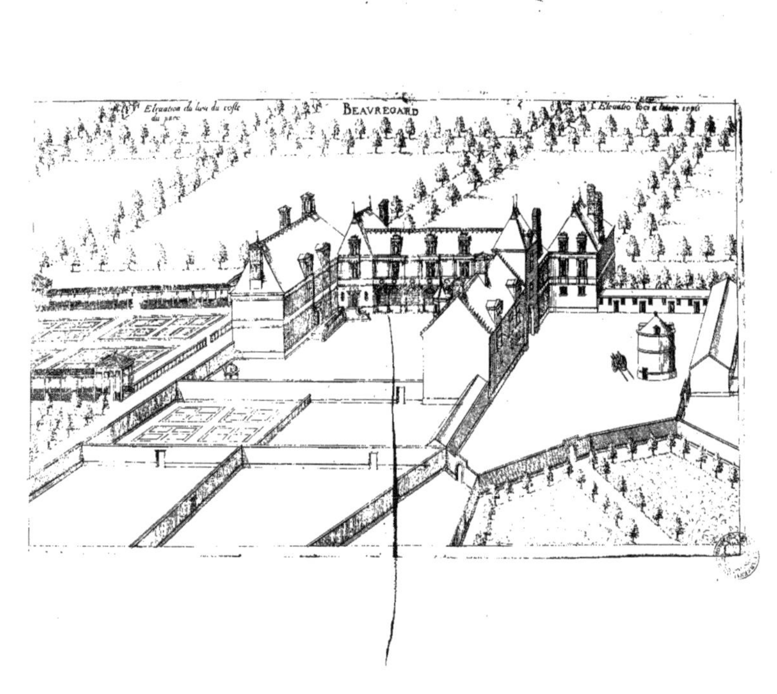
Eleuation du lieu du costé
du parc
BEAVREGARD
Eleuatio loci a latere septi

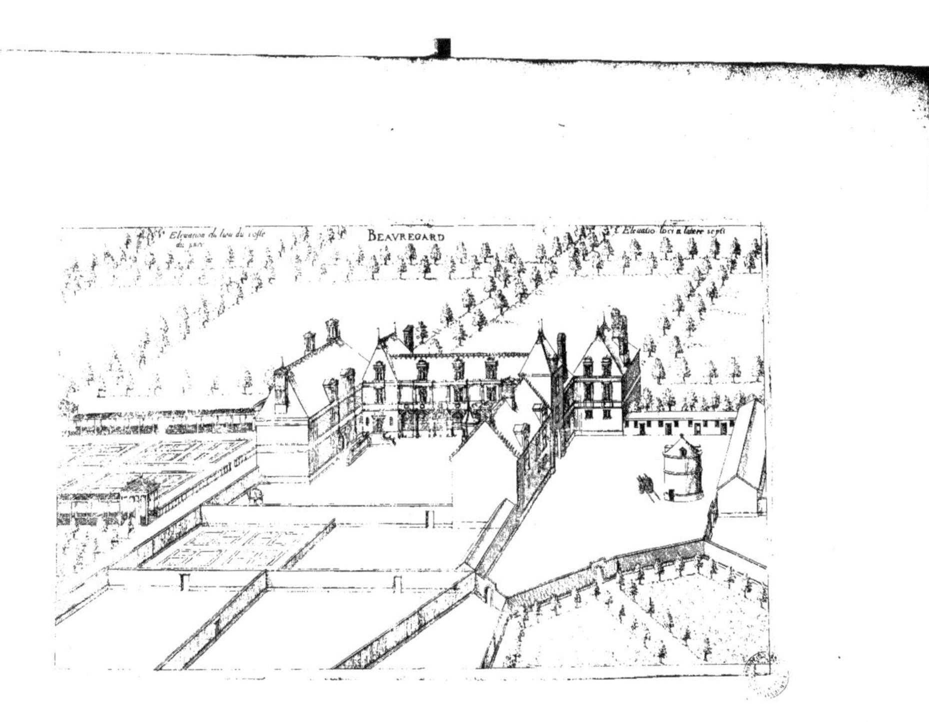

Eleuation du lieu du costé du parc
BEAVREGARD
Eleuatio loci à latere septi

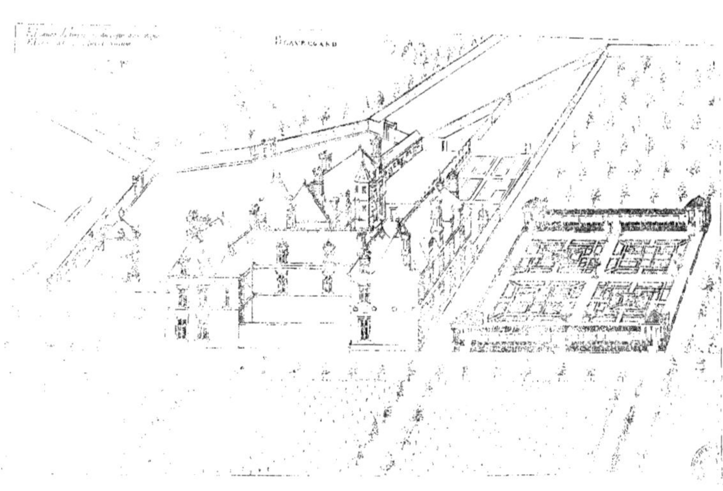

BEAUREGARD

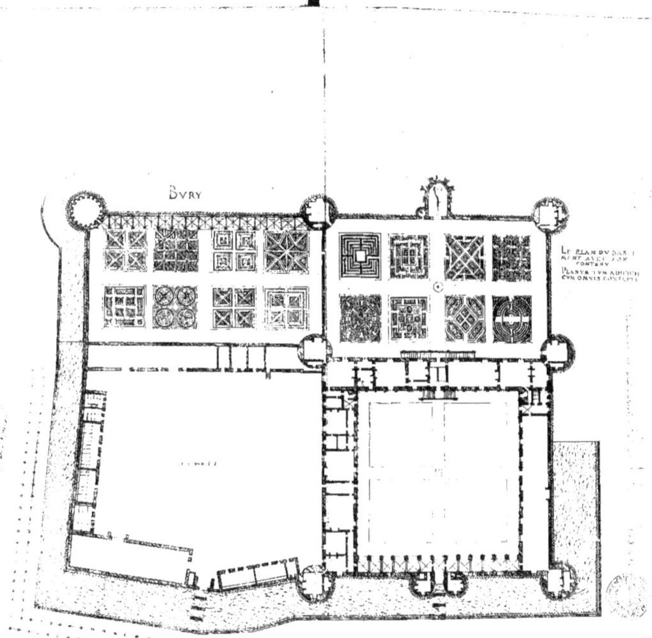

BVRY
LE PLAN DV BAST-
MENT AVEC SON
CONTENV
PLANVM CVM AEDIFICIO
CVM OMNIB CONSEPTI

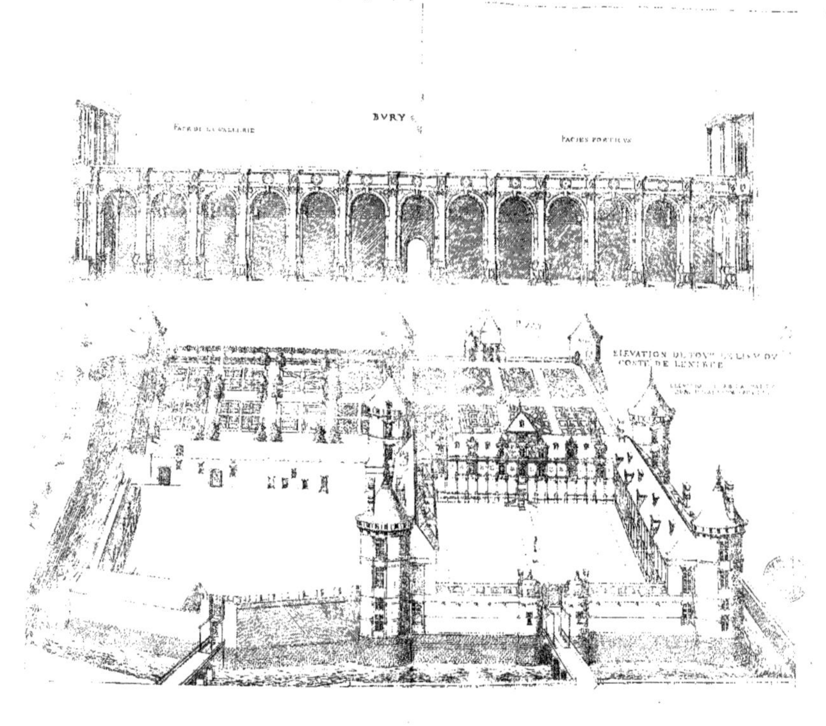

BVRY
FACE DE LA GALLERIE
FACIES PORTICVS
ELEVATION DV TOVT LE LIEV DV COSTE DE L'ENTREE

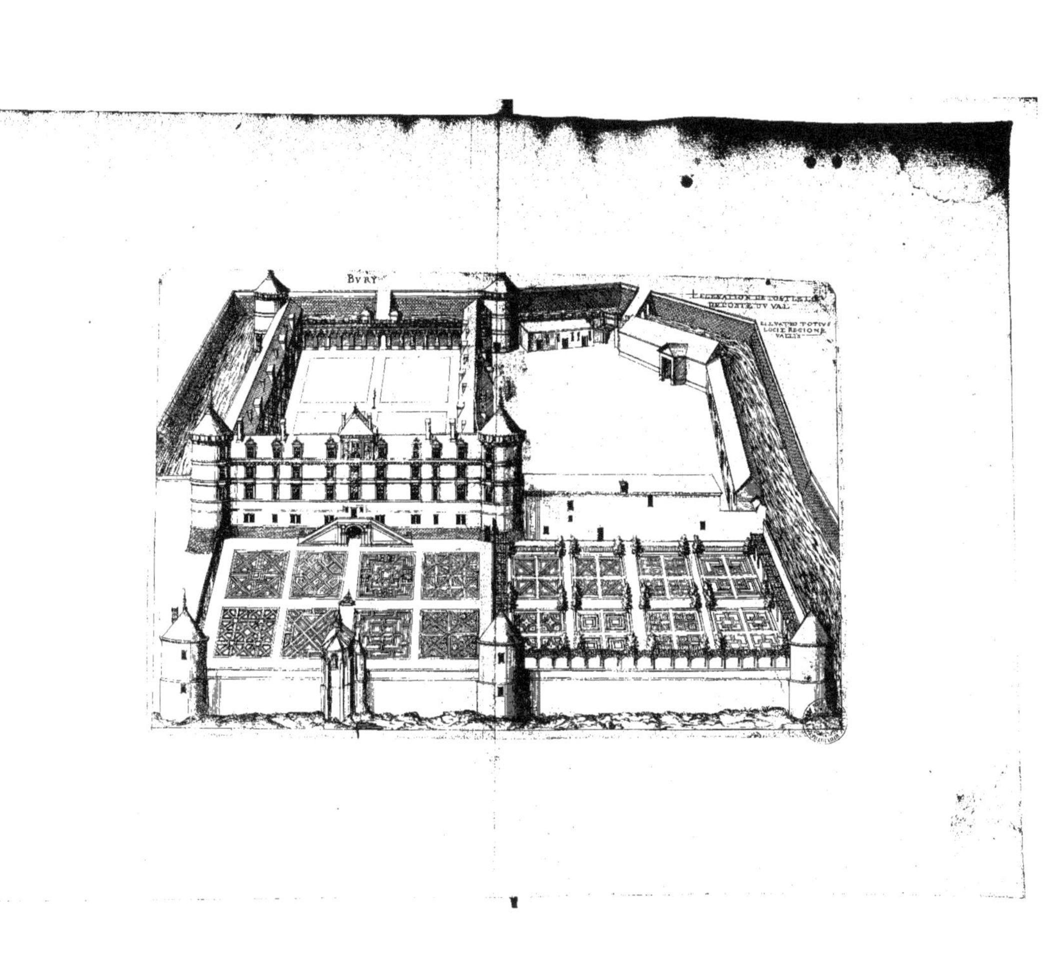
BVRY
✝ ELEVATION DE L'OSTEL LE
DV CONTE DV VAL
ELEVATIO TOTIVS
LOCI E REGIONE
VALLIS

www.ingramcontent.com/pod-product-compliance
Ingram Content Group UK Ltd.
Pitfield, Milton Keynes, MK11 3LW, UK
UKHW021926070726
13614UKWH00001B/275